María Félix

María Félix
María Bonita, María del alma

Juanita Samper

Samper, Juanita
    María Félix / Juanita Samper. — Bogotá:
Panamericana Editorial, 2004.
    112 p. ; 21 cm. — (Personajes)
    ISBN 958-30-1529-6
    1. Félix, María I. Tít II. Serie
    927 cd 20 ed.
AHW4843

        CEP-Banco de la República-Biblioteca Luis Ángel Arango

Editor
Panamericana Editorial Ltda.

Dirección editorial
Conrado Zuluaga

Edición
Mónica Montes Ferrando

Diseño, diagramación e investigación gráfica
Editorial El Malpensante

Cubierta: María Félix, México, 1945.
© Leo Matiz.

Primera edición, enero de 2005
© Panamericana Editorial Ltda.
    Texto: Juanita Samper
    Calle 12 N° 34-20, Tels.: 3603077-2770100
Fax: (57 1) 2373805

Correo electrónico: panaedit@panamericanaeditorial.com
www.panamericanaeditorial.com
Bogotá D. C., Colombia

ISBN 958-30-1529-6

Impreso por Panamericana Formas e Impresos S. A.
Calle 65 N° 95-28, Tels.: 4302110-4300355, Fax: (57 1) 2763008
Quien sólo actúa como impresor.
Impreso en Colombia
Printed in Colombia

"La gente admira mi belleza y mi inteligencia, pero sólo he sido una mujer con corazón de hombre".

María Félix

La bella escondida

¿Qué quiere usted? Yo no puedo ser fea.

Esta frase, que en alguna ocasión dijo María Félix a un periodista, era cierta. Ella no podía ser fea. Además, ni ella ni nadie lo quería. Se trataba de una de las mayores estrellas de América Latina del siglo pasado. Uno de los personajes más seguidos, queridos y admirados de México. Una belleza con todo el esplendor de la palabra. Como de otro mundo.

Y, sin embargo, María Félix fue mucho más que una cara bonita. Representó a mediados del siglo pasado a la mujer luchadora, capaz, que se rebelaba contra el poder de los hombres sobre la figura femenina. Lo hizo desde su vida privada y desde el cine, que era entonces el fenómeno cultural de mayor incidencia en nuestro continente.

Su lucha comenzó muy temprano. Desde que era pequeña, en su casa materna, en un ambiente familiar marcado por su padre, un hombre autoritario y machista que tenía poca relación con sus hijos y que sólo se interesaba por la educación de los varones.

No era poca preocupación, ya que fueron seis. Seis hombres y seis mujeres tuvo el matrimonio formado por Josefina Güereña y Bernardo Félix. Otros cuatro murieron. Como solía decir la propia María Félix, la juventud de su madre fue un parto continuo.

Josefina fue hija de españoles acomodados. Nació en Álamos, Sonora, estado del noroeste de México. Se educó en un convento del sur de California, y conoció a quien sería su marido cuando pasaba vacaciones con su familia a los dieciséis años de edad. Se casó con Bernardo Félix el 19 de enero de 1901.

Bernardo nació en Quiriego, una pequeña población vecina a Álamos. Era un hombre alto, buen mozo, delgado y recio. Fue comerciante y trabajó con el gobierno de su país. Mantuvo siempre una gran distancia con sus hijos. A las mujeres no les prestaba mayor atención y a los hombres los trataba con enorme dureza. María nunca olvidaría la voz imperiosa de su padre, a quien no podía tutear. Tampoco su arrogancia y altivez, que sometieron durante toda la vida a Josefina.

María fue la adoración de la madre. La consentida. Ella le enseñó la elegancia, la compostura. Le decía que no es suficiente ser bonita; que hay que saber serlo. La invitaba a cuidar la figura para mantener la armonía, que, según decía, es la base de todo. Y predicó con su ejemplo, pues siempre estaba bien arreglada.

Pero las enseñanzas maternas no se limitaron al aspecto físico. Molesta por el trato que su esposo brindaba a las hijas, y quizás como una manera solapada de enfrentarlo, conminaba a María para que lo hiciera caer en la cuenta del error. Le escribía lo que ella debía decirle, sin aclarar que era enviada por la madre. Que su vozarrón asustaba a la pequeña, por ejemplo, y que se le aparecía hasta en sueños. La niña se aprendía las frases y las repetía ante su padre. Fue el primer papel que representó María Félix.

Y fueron sus primeros pasos de rebeldía. Aunque nunca recibió castigo alguno por su atrevimiento —quizás como una manera de alabar su valentía—, ella fue la única mujer que enfrentó a Bernardo Félix.

Juegos de niños

Nunca se sabe a ciencia cierta dónde acaba la realidad y comienza el mito de María Félix. Su vida está llena de datos ambiguos, de verdades a medias. Ella misma se encargaba de alimentarlos porque sabía que eran parte de la leyenda.

Se le han asignado, por ejemplo, varias fechas de nacimiento. La vanidad femenina, mezclada con la idea de que no es necesario aferrarse rígidamente a la verdad en la vida de una actriz, hacían que ella aportara poco para zanjar la cuestión. Ahora, sin embargo, se sabe que nació el 8 de abril de 1914, a las diez de la mañana.

María Félix decía que la vida de una actriz es sueño y si no es sueño no es nada.

Nació en Álamos y su niñez transcurrió entre esa población y Quiriego, donde sus abuelos tenían una bella hacienda. El estado de Sonora era entonces poco poblado. Buena parte de sus habitantes se dedicaban a la agricultura y unos cuantos al comercio. Álamos había sido un centro minero importante en el siglo XIX. La industria cinematográfica, desde luego, era prácticamente inexistente.

El bautizo de María fue por todo lo alto. Cubrieron con flores los muros de la iglesia de Nuestra Señora de Guadalupe, y el camino desde la casa hasta la iglesia fue adornado con rosas y nardos. La madrina fue su hermana mayor, Josefina *Chefita*, y el padrino fue su primo hermano Fernando. El nombre completo que se le puso a la niña en la pila bautismal fue María de los Ángeles.

María de los Ángeles guardó siempre recuerdos gratos de su tiempo en Sonora. Vivía con su familia en una casa grande de Álamos. Lo hacían dignamente, sin pasar penurias, pero no eran ricos.

Le gustaba subir a los árboles y correr. Las muñecas le aburrían soberanamente. Prefería jugar con sus hermanos que con sus hermanas, a quienes encontraba muy serias. Las sentía diferentes a ella. No sólo en cuanto a gustos y comportamiento, sino también físicamente. Todas ellas habían salido rubias y de piel blanca, como su madre. María era morena, como su padre.

No se asustaba en las peleas infantiles. Josefina le había enseñado que si recibía un puño debía devolver dos. Devolvió más de dos. No se dejaba de nadie. No lo hizo cuando era pequeña, ni cuando ya era una mujer hecha y derecha.

María era una niña rebelde y salvaje. Le encantaba montar a caballo en la finca de los abuelos. Nunca olvidó la sensación de libertad que experimentaba cuando cabalgaba con Pablo, su hermano inmediatamente mayor. Jugaban a pasarse de un caballo a otro, con un salto en pleno galope. La aventura era intensa porque, aparte de la destreza física, se requería

una concentración y coordinación formidables. Una compenetración especial. Y la de ella con Pablo, como se verá más
adelante, lo era.

María, sin embargo, también hacía algunas cosas típicas
de niñas. Despertaba el orgullo de su madre cuando pronun-
ciaba declamaciones públicas en los eventos del colegio. La
vez que salió disfrazada de japonesa y recitó un poema —que
muchos años después aún recordaría—, alimentó tanto el
amor materno como la envidia filial, aunque sus hermanas la
disfrazaron con risas burlonas.

Esos roces tuvieron un desenlace que habría podido ser
fatal. La primera vez que María Félix pensó en la muerte fue
en una ocasión en que estaba jugando, cerca de un pozo seco,
con un perico que llevaba en el hombro. De repente una de
sus hermanas la empujó por detrás. La niña cayó en el hueco
y no podía salir sola. Su padre y hermanos la buscaron durante largo rato, sin encontrarla. Cuando ya era de noche,
oyó los pasos de unos caballos. Pidió auxilio con toda la fuerza de su voz, y fue entonces rescatada. Salvó su vida.

Guadalajara en un llano

Cuando Bernardo Félix fue nombrado jefe de la Oficina Federal de Hacienda en Guadalajara, la familia se trasladó a esa
ciudad. Allí vivieron en una casa grande, sencilla y bonita, de
dos pisos. Josefina se dedicó a decorarla con esmero. Borda-
ba manteles, cojines y encajes. Muchos años después, María
aún guardaba con cariño algunas de esas costuras.

En Guadalajara la expulsaron de varias escuelas. Su madre se las arreglaba para conseguir siempre una nueva, y, casi por regla, que fuera de monjas. María no entendía por qué debía someterse a que le enseñaran cuestiones que a ella no le interesaban. No quería aprender a coser, ni a cocinar, ni cualquier otra tarea doméstica. Tampoco le interesaban las clases de catecismo. Simplemente pensaba que era ella quien debía decidir qué hacer con su inteligencia.

De hecho, cuando algo le interesaba se aplicaba de lleno. La lectura, por ejemplo, le fascinaba. Sus padres alimentaban esa afición. Bernardo tenía una buena biblioteca y solía reunir a los hijos en una acogedora sala en torno a los libros. Les leía *El Quijote*, *La guerra y la paz* y las aventuras de Sandokan. Josefina permitía que María devorara las obras que quisiera, y así lo hacía. Siempre creyó haber aprendido más en su casa que en todas las escuelas a las que asistió.

La música también unía a los muchachos Félix Güereña. Organizaron una orquesta, donde participaba toda la familia.

Entre los actos realizados en condición de verdadera sonámbula, una vez puso la mesa para doce personas a medianoche.

Fue el nacimiento de la carrera de Victoria Eugenia, una de las hermanas de María, que luego estudió piano en el Conservatorio. A ella le interesó más el baile. Una bailarina norteamericana de nombre Waldeen, amiga de sus hermanas, le dio clases. Le enseñó baile moderno y algunos pasos de danza clásica. Para María fue importante, porque le permitió tomar conciencia del cuerpo. Gracias a ello comenzó a caminar y a moverse con gracia. Se fijaba con atención en sus gestos y en la manera de sentarse.

Pero el verdadero interés de María Félix en Guadalajara eran los chicos, como es natural en una jovencita. Su padre no permitía que saliese sola ni a la esquina, de manera que tenía que arreglárselas como podía para ver a los muchachos. Los domingos por la noche contaba con permiso para salir un rato con sus amigas. Daban un paseo y luego tomaban onces en lugares como el salón de té Olimpia. Empezó a volverse popular entre los jóvenes tapatíos y ella, por supuesto, no desperdiciaba la más mínima oportunidad para coquetear.

Cualquier estrategia era válida. Creó una red de comunicaciones que funcionaba mediante mensajes escritos en papelitos que eran llevados y traídos por alguna empleada doméstica de confianza. Establecía citas a las tres de la mañana, frente a su balcón. Compartía la habitación con su hermana Victoria Eugenia, que era su cómplice. Sin embargo, cuando su madre se despertaba en ocasiones y la veía asomada en el lugar acordado, María se hacía la sonámbula. La actuación, pues, era clave en sus propósitos.

La idea no era descabellada. Ella, en efecto, había protagonizado escenas de verdadero sonambulismo. En todo caso a su madre le empezó a extrañar que fuera tan a menudo al balcón, aunque asegurara que lo hacía en profundos sueños. Le preguntaba por qué no salía al patio en lugar del balcón. Nunca le confesó conocer sus intenciones reales, pero es posible que las sospechara. Por eso le puso un platón de agua fría al lado de la cama.

La popularidad de María fue evidente el día que los estudiantes de Guadalajara la eligieron reina de la universidad.

La coronación, a la que fue con el permiso que su padre le dio a regañadientes, tuvo lugar en el casino de la ciudad. Por primera vez estuvo en un estrado, rodeada de gente. Fue aclamada y admirada. Desde entonces supo que la belleza es un concepto forjado por los demás. Que depende de la apreciación de los otros.

En su papel de reina, asistió a muchos eventos sociales. Desde corridas de toros hasta premiaciones literarias. En un festival, a beneficio de la Copa de Leche, llamó la atención de todos los presentes al bailar *El gato montés*, con traje típico español. Los aplausos fueron tan vigorosos que repitió el número. María Félix probaba el primer bocado de lo que sería el resto de su vida profesional.

Pasos entre espinas

No todo tuvo, sin embargo, sabor a miel. Durante la complicada edad de la adolescencia debió enfrentar una de las penas más intensas de su vida: la pérdida de su hermano Pablo, que era su adoración.

Pablo era buen mozo. Se parecía mucho a María. Incluso tenía el mismo lunar en la mejilla. El pelo era rubio y rizado. Le decían *El Gato* por el color casi amarillo de los ojos.

Los dos pasaban muchas horas juntos. Se entendían muy bien y para ellos era natural compartir experiencias y pensamientos. Caminaban, él la llevaba en la moto, montaban a caballo, se bañaban en una fuente cercana. Pero su madre vio que no era una relación normal de hermanos. Le prohibió a

María sentarse en sus piernas y subirse en su espalda y terminó con los paseos solos al campo.

Finalmente Josefina convenció a su esposo de mandar a Pablo a la capital. Allí fue matriculado en el Colegio Militar. Había visto que la única manera de acabar con el problema consistía en poner tierra de por medio.

Pablo fue a Guadalajara varias veces. Llegaba con uniforme y María lo encontraba muy buen mozo. La última vez que lo vio en la vida estaba vestido de cadete.

Poco después de una visita a la familia les llegó la terrible noticia de la muerte del joven. María siempre creyó que lo habían matado por la espalda en una práctica de tiro. Los informes del colegio, sin embargo, señalaban que se había tratado de un suicidio. Ella estaba convencida de que era falso. Su hermano amaba tanto la vida que era incapaz de terminarla por su propia voluntad. Aseguraba que el colegio había inventado aquello por temor al desprestigio.

Muchos años después de haber enterrado a su hermano Pablo, María aseguraba que el perfume del incesto no lo tiene otro amor.

El mundo de María Félix se derrumbó. No quiso ir con su madre a recoger el cuerpo en la capital y entró en una depresión profunda. La herida le dolió durante el resto de la vida.

Un disfraz con velo

La primera vez que María vio a Enrique Álvarez Alatorre iba vestida de novia. Fue en una fiesta de disfraces y ella llevaba el traje que usó su madre el día de su matrimonio. Lo que no sospechaba era que volvería a verlo con un atuendo de boda, pero en la iglesia.

Álvarez era hijo de una familia acomodada y en aquella época trabajaba como agente viajero de la empresa de maquillaje Max Factor. Eso le sirvió para visitar a María, a cuya casa fue con el pretexto de ofrecerle una demostración de los productos.

El noviazgo duró poco. Su madre apoyó el matrimonio. María diría luego que incluso lo precipitó. Su padre se opuso y se negó a llevarla al altar. Ella se empecinó, ilusionada, con la esperanza de encontrar la libertad, pues en su casa la represión se hacía insoportable.

El matrimonio fue en la catedral, en una ceremonia sencilla, a la que asistieron la familia y algunos amigos cercanos. Viajaron a Atotonilco el Alto de luna de miel, y allí se hospedaron en el Hotel Nido.

La noche de bodas fue traumática para María, que se sintió agredida con las intenciones de su recién estrenado marido. Su madre nunca le había hablado de sexo. Muchos años después contaría que perdió la virginidad luego de dos semanas de frustrados intentos de Enrique.

Álvarez resultó ser sumamente celoso. Pocas veces sacaba a pasear a María, por temor a que otros hombres la piropearan. Sólo la llevaba al cine, al Teatro Reforma, que quedaba justo frente al apartamento donde vivían; siempre llegaban tarde y salían antes de que terminara la función, para evitar que la miraran. Además, viajaba mucho por cuestiones de su trabajo. María pasaba largas horas sola y aburrida.

No tardó mucho en quedar embarazada. Su hijo Enrique, el único que tuvo, nació el 6 de abril de 1934. Tanto ella como su marido eran muy jóvenes. Enrique padre tenía diecinueve años y un comportamiento digno de su edad. La responsabilidad del bebé era enorme para ambos.

Aunque *Quique*, como le decía a su hijo, fue la felicidad de María, lo sintió en su momento como una atadura. Pensaba que ella tenía que vivir pendiente de él, mientras su marido viajaba y podía estar con cualquier mujer.

Un día encontró una receta médica de su esposo, donde estaba anotada la palabra "gonorrea". No sabía a ciencia cierta de qué se trataba, pero temía que la pudiera contagiar. Desde entonces no dejó que la tocara y se obsesionó con vengarse. Si él estaba con otras mujeres, ella no tenía por qué guardarle fidelidad.

La oportunidad llegó por la ventana. María se asomaba por las tardes desde su apartamento del tercer piso y veía a un muchacho rubio y guapo, que leía a menudo en la azotea del frente. En cierta ocasión que el pediatra fue a visitar a Quique, el médico le comentó que su sobrino vivía allí. Resultó que era el mismo joven que le gustaba. Poco después conversaron por primera vez. Al día siguiente él le recomendó el libro que leía, *El proceso*, y comenzó tanto la amistad entre ellos dos como la admiración de María por Kafka.

Mantenían largas conversaciones por teléfono mientras Enrique viajaba. Después los encuentros fueron físicos. La primera vez que se pusieron una cita María y Francisco Vásquez Cuéllar, como se llamaba el vecino, ella se quitó los zapatos. Creía que esperar a un hombre descalza era un lujo de amor.

Supo que estudiaba leyes. Con él leyó otro tipo de libros, empezó a pensar en los pobres (el muchacho era socialista), a gozar del amor y del sexo sin sentir temor. Su mundo se amplió. Y tomó la determinación de separarse de Enrique.

Josefina, la madre, se encargó de empezar el trámite de la separación, ya que María era muy joven para adelantar ese tipo de cuestiones legales. No quiso casarse de inmediato con Francisco, como él le proponía, porque prefería planear bien cada paso antes de hacerlo de nuevo.

María y Francisco volvieron a verse tiempo después. Ella sintió que a él le desagradaba su actitud independiente. El encantamiento se había roto.

Cuando la familia Félix Güereña se trasladó a Navojoa, pues el trabajo de Bernardo había terminado con un cambio de gobierno que se produjo, María se fue con ellos. Se alejó del enamorado y la distancia terminó con la pasión.

Navojoa fue una escala en la vida de María antes de llegar a México D.F. El ambiente del pueblo no le gustó. Todos la señalaban e inventaban chismes. Una mujer separada en aquella época constituía un caso muy particular, sobre todo en un lugar pequeño y provinciano. Además, su padre creía que el hecho de que una joven trabajara era indecente, de manera que de nuevo se sentía apresada. María voló a la capital. Se voló, para ser precisos.

Escape capital

Con el apoyo de Fernando, su padrino y primo, y con algunos ahorros que tenía, María tomó un tren con rumbo a México D. F. Lo hizo sin pedir permiso a sus padres y con la convicción de que en esa ciudad encontraría la libertad que deseaba. Sin grandes proyectos económicos ni profesionales, sabía que quería estudiar y ser independiente.

Llegó con Quique a un hotel modesto, una casa de asistencia donde se hospedaba gente de buenas familias del país. Allí consiguió algunas amigas y completó el círculo con Margarita del Río, antigua compañera de colegio de Guadalajara, y sus hermanas. Se rodeó de ellas para dar los primeros pasos por la ciudad, que le pareció rapaz.

Como tenía que responder por su hijo buscó trabajo rápidamente. Lo halló en el consultorio de un cirujano plástico, que le pagaba muy bien. Los servicios que María prestaba como auxiliar le eran útiles, pero mucho más su físico. El médico decía a sus clientas que él le había operado la nariz a la chica o que le había pegado las orejas. Todas querían parecerse a ella y se ponían en sus manos con optimismo.

Cuando llevaba cerca de tres meses en el Distrito Federal, Enrique Álvarez apareció en la casa de asistencia y le pidió permiso para llevarse a Quique durante unas vacaciones. Ella lo concedió, sin sospechar que no se lo devolvería. Cuando, luego, conoció sus intenciones, acudió a un juzgado de Guadalajara a solicitar una orden judicial para recuperarlo; entonces se enteró de que Enrique quería quitarle la patria potestad.

María se preocupó mucho y, luego, sintió alivio al saber que la nana Rosa, una empleada de los Álvarez, estaba cuidando al niño. Averiguó que se hallaban escondidos en un pequeño pueblo llamado Ajijí, cerca de Chapala. Fue hasta allí y, cuando Rosa salió a comprar leche, se abalanzó sobre ella. Le suplicó que le permitiera ver a su hijo. La nana le dijo que se pusiera algo para que nadie la reconociera, pues tenía órdenes de no dejarla acercar, y que fuese con ella.

María se vistió de campesina y llegó adonde Quique, que ardía en fiebre. Sin dejar de llorar, el niño le tendió los brazos a su madre. Ella se quedó un rato y le prometió volver a buscarlo.

Sin embargo, la orden judicial tardaba demasiado (ella estaba convencida de que la demora era por maniobras de Enrique Álvarez), y tuvo que regresar a la capital. Varios años después repetiría la audacia de buscar a su hijo contra todos. Solo que en aquella ocasión, como se verá en su momento, contó con el apoyo de su marido de entonces: Agustín Lara.

FLOR DE ESTRELLA

María hizo buenos amigos en México D. F. Con ellos iba a bailar, al teatro y a los toros. No era conocida, pero varios toreros capoteaban su belleza y le ofrecían las faenas. Combinaba esos momentos de esparcimiento con su trabajo en el consultorio. Una de sus mayores aficiones, que por entonces nacía, le abrió la puerta a la pantalla grande. Se trataba del amor por las antigüedades. María estaba un día fascinada con una vitrina cuando un hombre, que casualmente pasaba por allí, quedó fascinado con ella.

Era el ingeniero Fernando Palacios, que después recordaría con precisión aquel jueves 4 de enero de 1940, cuando el reloj de una esquina señalaba las seis menos cuarto de la tarde. Le preguntó, directamente, si le gustaría hacer cine. Ella le respondió que el día que lo hiciera sería por la puerta grande. Palacios, a quien divirtió el desparpajo de la respuesta, le aseguró que con ese porte podía entrar por donde quisiera.

La verdad es que nunca había pensado en esa posibilidad. El cine le parecía de otro planeta. Ni siquiera veía películas mexicanas. Pero el ingeniero era insistente. Le dijo que él podía presentarle personajes de la industria y que estaba convencido de que no se arrepentiría.

Necesitó más palabras, varias visitas (se consiguió la dirección de la casa de asistencia) y muchas promesas para que

MARÍA FÉLIX

María diera su brazo a torcer. El cirujano le dio el impulso definitivo al asegurarle que le guardaba el trabajo por si ella quería regresar luego de asomarse por el mundo artístico.

Cecil B. de Mille, famoso director de cine, le dio su tarjeta y le dijo que lo llamara si quería hacer carrera en Hollywood. Ella ya tenía los ojos puestos en México. Fue la primera vez que rechazó una oferta de Hollywood, pero no la última.

El instinto de Palacios no lo traicionó. La llevó al baile Blanco y Negro del Country Club, donde llamó la atención de varias de las personas más importantes del cine. Poco tiempo después recibió una invitación para ir a Los Ángeles. Fue el primer viaje al extranjero de María Félix. Cuando supo que debía vestirse de china poblana se negó. Le parecía una ridiculez desfilar con traje típico de Puebla en una especie de carroza por las calles de la ciudad. La llevaron, a cambio, a ver cómo se hacían las películas de Hollywood. El ambiente le encantó y se entendió muy bien con las personas que conoció: Robert Taylor, Walter Pidgeon, Gregory Ratoff y Cecil B. de Mille, con quien comió.

Palacios se dedicó a formarla para el futuro que le veía. Le daba clases de dicción, le cambió el peinado, la llevaba a diversos eventos e, incluso, la motivó para que se mudara de la casa de asistencia a un apartamento independiente.

María Félix comenzó a dar de que hablar. Los chismes de la prensa anunciaban que en cualquier momento aparecería en una película. Era 1941 y no estaban tan lejos de la verdad, pues en esos momentos le ofrecieron un papel estelar en *El peñón de las ánimas*, la película que planeaba Producciones Grovas.

24

Pidió un pago demasiado alto para una principiante, pero, tras varias negociaciones, se lo dieron. Tampoco fue fácil escoger su nombre artístico. Le sugirieron Diana del Mar o María Marcis, pero nada le gustaba a la nueva actriz. Finalmente accedió a acortar su nombre de pila y quedó María Félix. Protestó, además, por el vestuario, que le pareció horrible. Fue otro tema en el que tuvieron que ceder los productores de la película. Y el trabajo por fin comenzó.

A pesar de Jorge Negrete

María se presentaba ante las cámaras en 1942, cuando *Casablanca* se acababa de estrenar y se situaba en uno de los lugares más altos del cine en el mundo. Era un momento de efervescencia cinematográfica en México. En la capital se estrenaba un título cada siete días. Tres semanas eran suficientes para grabar y editar un filme. Los grandes éxitos permanecían poco más de un mes en exhibición. Las setenta películas estrenadas en 1943 dan una idea de la velocidad que alcanzaba la industria cinematográfica en aquella época.

La búsqueda de estrellas era, por tanto, intensa. Tomaba mayor relevancia si se tiene en cuenta que los productores se basaban en los personajes más que en las historias a la hora de realizar una película.

El cine mexicano estaba lleno de estereotipos: el charro (como Jorge Negrete), el suave galán (como Julián Soler), el mero macho (como Pedro Armendáriz) y el cantante elegante (como Emilio Tuero). En el repertorio femenino había poco más de cinco nombres propios: Isabela Corona (la actriz), Gloria Marín (la belleza), María Elena Marqués (la ingenua juventud), Andrea Palma (el misterio) y Dolores del Río (la patriota que había sacrificado Hollywood). En adelante habría que incluir uno más: el de María Félix.

El comienzo, sin embargo, no fue nada fácil. María nunca había actuado profesionalmente. Tartamudeaba, no sabía moverse, andar, sentarse. El director era Miguel Zacarías, un hombre muy importante en el cine mexicano del siglo pasado, acostumbrado a tratar con estrellas y principiantes. Pero, a pesar de la experiencia, tuvo mucho trabajo con la actriz novata.

Zacarías la encontró altanera, arrogante e insolente. Su belleza e inteligencia lo motivaron para concentrarse en ella. Se dedicó a "domesticarla". Le enseñó a vocalizar cada letra, a hablar con voz fuerte, a comportarse frente a las cámaras. María reconoció después que en aquella época era indisciplinada, aunque luego cambió completamente.

Cuando faltaba poco para comenzar la filmación, Zacarías le dijo que una actriz debía arrodillarse ante su director. Ambos contaron el episodio, cada uno con una versión distinta. Según María, ella se negó. Prefería morir que hacerle caso. De acuerdo con Zacarías, él mandó al diablo su hermosura y la hizo hincarse. Lo cierto es que, a pesar de los gritos y las peleas, fue el comienzo de una carrera brillante.

Zacarías no fue el único obstáculo que debió enfrentar la actriz novata. Por si fuera poco, también contaba con la antipatía del actor principal: ni más ni menos que Jorge Negrete, que en ese momento ya era una de las máximas figuras del cine latinoamericano y una voz muy querida en el mundo de la música. En 1941 había filmado *Ay Jalisco, no te rajes*, una película que lo ubicó en primera fila y le dio fama internacional.

No era la primera vez que María lo veía. Cuando vivía en Guadalajara y estaba casada con Enrique Álvarez, una prima suya le contó que estaban grabando una película en un parque y fueron las dos a mirar cómo lo hacían. En la escena que presenciaron, Negrete estaba sentado en un banco con una actriz. Años después María recordaría que, al terminar la toma, Jorge le habló.

Más allá de su actuación conjunta en *El peñón de las ánimas*, María Félix y Jorge Negrete fueron los representantes internacionales del cine mexicano. María encarnaba la belleza y la astucia de la mujer; Jorge, con su buen porte, era el típico charro en persona.

—¿A usted no le gustaría hacer películas? —le preguntó.

—No me dirija la palabra, que soy casada —le respondió ella.

—No le hace, no soy celoso.

—No quiero trabajar en cine y menos si hay tipos tan majaderos como usted.

El tono que mantuvieron durante la grabación no fue más amable. Sus enfrentamientos pusieron en peligro la grabación de la cinta en más de una ocasión. Los dos sacaron a la luz sus mutuos resquemores y expresaron su deseo de no tener que trabajar juntos nunca más. Estaban lejos de sospechar que terminarían casados.

Una razón importante que explica el odio de Negrete por María era su convencimiento de que el papel era más apropiado para Gloria Marín, su pareja en el momento. Ambos habían aparecido en *Ay Jalisco, no te rajes*, y se sentían satisfechos del trabajo. Negrete, además, temía que una novata se aprovechara de su nombre para surgir.

Entre los numerosos choques que tuvieron lugar, hubo uno que muestra la personalidad de los actores. Fue un diálogo, que se desarrolló más o menos así:

—Tengo una curiosidad —le dijo Negrete a María—. ¿Con quién se acostó usted para que le dieran el papel estelar?

—Usted lleva más tiempo en este negocio —le contestó ella—, así que debe saber con quién hay que acostarse para ser estrella.

Durante la filmación, un círculo de personas involucradas en el trabajo rodeó y llenó de cariño a María. Entre ellas estaba Raúl Prado, integrante del trío Las Calaveras, grupo muy cercano a Negrete, que solía participar en sus discos. Surgieron habladurías que aseguraban que ella y Prado se habían casado en secreto. Algunas de las personas que más estudiaron la vida y obra de la actriz, como Paco Ignacio Taibo I, dieron por cierto ese corto matrimonio. María, sin embargo, lo negó.

El peñón de las ánimas es una versión de *Romeo y Julieta*, en un clima de romanticismo mexicano. Ciertos críticos dijeron posteriormente que las actuaciones de los protagonistas dejaron mucho que desear, sobre todo en los momentos en que debían morir. Pero María, a pesar de la falta de experiencia, demostró que hechizaba las cámaras.

La película se estrenó el 25 de febrero de 1943 y fue un éxito. Había llegado María Félix. La belleza agresiva, la astucia con largas pestañas. El cine nacional la recibió con los brazos abiertos y las palmas extendidas. El cine nacional era como decir el cine latinoamericano. Nuestros países —incluida Colombia— miraban hacia México, tanto a la hora de buscar socios y productores como a la de disfrutar una historia. Había nacido una estrella en el continente.

Aquí viene La Doña

Esa algarabía no fue compartida por Bernardo Félix. El padre de María estaba indignado: veía con malos ojos la farándula y consideraba que el comportamiento de su hija era deshonroso. Escribió en un pergamino una declaración donde la tildaba de ser una vergüenza para la familia, e hizo que firmaran los demás hijos como testigos.

Fue un gesto que dolió a María, pero que, a la vez, significó un alivio para ella. Fue como romper los lazos que la amarraban. Ahora tenía licencia para volar. Muchas veces en la vida se repetiría esa actitud: ella salía grande, fortalecida, liberada de las situaciones más difíciles. Su inteligencia y su valor adquirían mayores dimensiones. Era una mujer que no se dejaba aplastar. Punto.

Todavía no se había estrenado *El peñón de las ánimas*, cuando ya había firmado el contrato de su segunda película, *María Eugenia*. Los empresarios y productores la buscaron con rapidez al ver el revuelo que produjo su aparición en la pantalla grande.

María Eugenia comienza con una secuencia en la que aparece María Félix en vestido de baño. Fue una bomba publicitaria. Y, para atizar el escándalo, aparecieron unas fotos trucadas —que, al parecer, fueron manipuladas sin el consentimiento de la actriz—, en las que habían borrado el vestido de baño y parecía desnuda. A pesar del alto precio, se vendieron como palomitas de maíz en un teatro.

El director de *María Eugenia*, Felipe Gregorio Castillo, era también censor de Gobernación. Cuando María Félix se quitó la capa que la cubría y él vio que tenía un traje de baño muy ajustado, se lo recordó a la actriz. Ella siguió posando para los fotógrafos presentes y luego le dijo que estaba generando una publicidad gratis maravillosa.

La película se estrenó en abril de 1943, poco más de un mes después de la primera. Aunque la consideró como uno de sus pecados de principiante (el otro sería *La china poblana*) ayudó a proporcionarle nombre y fama. Pero todavía faltaba el trabajo que le daría más gloria: *Doña Bárbara*.

Desde el principio tuvo suerte. Se reconcilió con su padre, que se había resignado a tener una hija bastante peculiar. Se disponía a salir para llevarlo a la estación de regreso a Navojoa, cuando recibió una llamada. La invitaban a una comida en honor del escritor venezolano Rómulo Gallegos, autor de la novela que se recrearía en la película que Clasa Films proyectaba realizar.

La filmación comenzaba poco después y estaba todo prácticamente listo. Incluso se sabía que Isabel Corona sería la actriz principal. Según María, Gallegos quedó fascinado con ella cuando la conoció aquella noche. De acuerdo con el productor Salvador Elizondo fue él quien insistió en contratarla. Lo cierto es que, fuese por iniciativa del escritor o del realizador, después de esa cena se supo que ella interpretaría el papel protagónico de la película.

Al comienzo de la historia doña Bárbara fue violada y decidió vengarse de todos los hombres por el ultraje. El porte, el gesto, la altivez, la seguridad de María Félix fueron los de doña Bárbara. O al revés. Se convirtió en una hembra bravía, en una mujer sin alma. Se puso pantalones, se subió a un caballo y nadie pudo bajarla de la cima del cine. La compenetración entre el personaje y la actriz fue tan fuerte que, desde ese momento y para siempre, María Félix pasó a ser *La Doña*. El éxito de la película fue impresionante. Se estrenó el 16 de septiembre de 1943 y se lanzó simultáneamente en varias ciudades de México. El precio que se cobraba en la capital era muy alto para una entrada a cine, pero las salas se llenaron.

Poco más de un año después de su debut en el cine, María Félix ya era plenamente conocida en América Latina. Aparecía en las encuestas mexicanas de los famosos al lado de Cantinflas, Jorge Negrete y Sara García.

A *Doña Bárbara* la siguió *La china poblana*, ese otro "pecado" que María confesó haber cometido. Fernando Palacios, su descubridor, fue el director. La película fue rodada en agosto de 1943 y se estrenó el 8 de abril de 1944. El público fue parco en cuanto a la historia, pero aclamó la actuación de María.

La siguiente película que protagonizó fue *La mujer sin alma*, que muestra la astucia de una criada ambiciosa que escala en la sociedad a costa de los hombres. El papel apoyaba la imagen fuerte y vigorosa de María Félix. Ella representaba el sueño de muchas mujeres latinoamericanas que querían rebelarse ante las situaciones que las ubicaban en planos inferiores. Dirigida de nuevo por Fernando de Fuentes, la película fue un éxito. La prensa le dedicó muchos renglones, que se multiplicaron cuando se supo que la bella actriz tenía un nuevo amor. Y no era uno cualquiera.

AMOR DE CENIZA

El amor de María Félix por Agustín Lara se remontaba a años atrás, cuando ella era una jovencita y dijo a su hermano Fernando que se casaría con ese hombre que escuchaba por la radio. Era la voz ensoñadora de Agustín Lara, reputado compositor a quien ella ni siquiera conocía. Su madre la castigó por decir frases ociosas.

María era entonces una muchacha desconocida que vivía en Guadalajara. Lara era un ser inalcanzable. Se asomaba a las casas mexicanas desde la radio, con su programa *La hora azul*, que era difundida por La Voz de América Latina, XEW, una emisora que fue crucial para la cultura popular de nuestro continente. Mientras escuchaba "Perdida" o "Noche de ronda", María soñaba con esa voz cantándole al oído.

La oyó en persona tiempo después, cuando menos lo esperaba. Ya vivía en la capital y entró un día al bar California a hacer una llamada. Tuvo que esperar un buen rato a que un señor muy flaco terminara de conversar. María, impaciente, golpeó en el vidrio de la caseta para que se apresurara. Cuando se abrió la puerta y salió Agustín Lara, ella no lo podía creer.

—¿Y usted quién es? —le preguntó.

—¿Y a usted qué le importa? —respondió—. Soy quien soy, ¿y qué?

El siguiente encuentro fue bastante más sosegado y ocurrió años después. El actor Tito Novaro, con quien María había trabajado en *La china poblana,* conocía a Lara y, al saber que La Doña lo admiraba enormemente, se lo presentó. Salieron los tres a tomar una copa y conversaron como si fueran amigos desde hacía tiempos. Ella los invitó a comer a su apartamento el sábado siguiente.

Ese sábado, sin embargo, María olvidó el compromiso. Su mente se concentró en asistir a la exhibición privada de *Doña Bárbara* en el cine Palacio. Al salir de su casa se encontró con Novaro y Lara, que llegaban a la cena. Ella, apenada, les contó lo que sucedía. Lara soltó una carcajada y propuso acompañarla.

Después de ver la actuación, que él elogió con entusiasmo, fueron a comer a un restaurante. Lo acompañaron luego a casa de unos amigos del compositor, donde él tocó el piano hasta el amanecer. Al salir, María confirmó lo que le había dicho años antes a su hermano Fernando. Estaba decidida a conquistarlo.

A partir de entonces empezaron a salir con frecuencia. Los periodistas y el público en general se alborotaron. Los chismes se reprodujeron. La gente los veía con una mezcla de cariño y burla. El feo y la bella eran pareja. Y no cualquier feo ni cualquiera bella. Agustín Lara y María Félix.

María se estaba aún dando a conocer, pero ya recibía elogios de la crítica. Aparte de su indiscutible belleza, veía en ella la actitud de una actriz distinta, que con un poco de trabajo levantaría huracanes. En su personalidad se notaban ciertos cambios. Ya no era tímida. Era vigorosa, altiva y tenía aptitudes muy distintas a la de la típica latinoamericana sometida. *La mujer sin alma* nutría la idea de que era una devoradora de hombres. Aparecer con el músico más célebre de México corroboraba la idea. Lara, por su parte, no se ofendía. Estar con la mujer más bella del país le alimentaba el ego. Por eso soportó al principio las frases que oía de la gente en la calle. "María, vas a acabar con el flaco ¡Mira no más como lo tienes", les gritaban. O, en alusión al traje negro de Lara, siempre tan elegante: "¡María, la próxima vez deja el paraguas en casa!"

La llenó de regalos. Uno de los más singulares fue un piano blanco, que mandó a su apartamento con una tarjeta que decía: "En este piano sólo tocaré mis más hermosas melodías para la mujer más hermosa del mundo".

Los comentarios no paraban. Algunos decían que el romance era una estrategia de María Félix para hacerse publicidad, pero tiempo después ella se defendería diciendo que en ese momento iba para arriba y él para abajo; que ella fue quien le ayudó a subir.

Lo cierto es que sí hubo pasión. El mismo Pedro Vargas, que fue íntimo amigo de Lara, anotó en sus memorias que María Félix fue el amor de la vida de Agustín. No fue, sin embargo, el único. Era enamoradizo y conquistador.

La noticia reventó el 16 de octubre de 1943, cuando la revista *México Cinema* publicó "La bomba del matrimonio Lara-Félix". Era el final de un sinnúmero de frases que afirmaban que el matrimonio se había consumado y de respuestas que lo desmentían. Aunque el matrimonio oficial debía esperar un par de años, ya era un hecho que los dos mantenían una relación formal.

Se supo, entonces, que Agustín Lara le había regalado un anillo de aguamarina, un piano y un ramo de claveles para celebrar el compromiso.

Los primeros años de la relación fueron maravillosos. Con su típico desenfado, María contaba que Lara era un hombre muy *sexy*, que tenía la voz más excitante del mundo. Y que con la luz apagada lo que más conmueve es la voz. Agustín Lara trabajaba en centros nocturnos y ella madrugaba para acudir a los estudios. Podía pasar una semana sin que se vieran, pero eso, según la actriz, les impedía caer en la rutina de las parejas convencionales.

La rodeó de un ambiente de amor y ternura. Le llevaba el desayuno a la cama y la invitaba luego al cuarto donde grababa sus canciones. La primera que le compuso, en una de las tantas noches de desvelo, fue "Saca los nardos, morena". Al día siguiente la estrenó en el programa radial, que entonces se llamaba *La hora íntima de Agustín Lara*.

Por las noches, cuando Lara no trabajaba, salían a cenar y a bailar. Acudían a lugares elegantes y a veces visitaban locales de menor prestigio del centro, donde Lara seguía siendo el rey. Allí, en cabarés nocturnos y burdeles, habían sonado sus primeros acordes muchos años antes. Iban con nostálgico cariño. En una de esas salidas sucedió un cruce de frases entre un asistente y Lara, que María recordaría luego para demostrar los celos de su marido.

—¡Ese es mi flaco de oro! ¡Tóquese la mula "Pecadora" mientras yo chancleteo con su greñuda!— dijo el hombre al solicitar una canción.

—La mula "Pecadora" ahí te va, pero mi greñuda no chancletea con nadie —respondió Lara.

Al rescate

Ese día se fueron en dos carros. Agustín iba en uno, que se detuvo en un lugar llamado Morelia. María iba en el otro, que manejaba el conductor. Este siguió hasta Guadalajara, donde estaba Quique, en manos de su abuela paterna.

María salió con el pequeño, a quien, según dijo, llevaría a comer helado. En realidad quería recuperarlo e impedir que su padre lo internara en un colegio de San Luis de Potosí, como tenía programado. Se lo llevó a Morelia, donde se pasaron al carro de Agustín, mientras el conductor seguía otro camino, para despistar una posible persecución.

Enrique Álvarez se casó de nuevo tiempo después. Tuvo hijos y vivió en Guadalajara. Falleció en 1980. A la muerte de María Félix, los reclamos de los hermanos medios de Quique sorprendieron a varias personas.

Días después Enrique Álvarez fue a buscar a su hijo. Pero se encontró con una María distinta a la que conocía. Ella ya era famosa y tenía amigos poderosos. No permitió que se lo llevara.

Los primeros días de convivencia con el niño no fueron nada fáciles. Estaba muy consentido y esperaba que su madre le diera gusto en todo, como lo hacía la abuela. María no estaba dispuesta a satisfacer sus caprichos. Creía que debía educarlo con firmeza.

Agustín, por su parte, sintió verdadero cariño por Quique. Lo cual no fue obstáculo para reprenderlo cuando lo consideraba necesario. En alguna ocasión en que lo hizo, el niño decidió tomar cartas en el asunto. Agustín lo supo cuando bebió un sorbo de agua y le supo horrible. Descubrieron que el pequeño le había echado champú y gotas para la nariz, con la esperanza de envenenarlo.

El veneno de los celos

Los celos eran el verdadero veneno de Lara. Los primeros roces de la relación surgieron por el trabajo independiente de María y por su fama creciente, que le despertaba admiradores cada vez que ella levantaba con maestría la ceja derecha.

María filmaba *La monja alférez*, una película donde apareció disfrazada de militar. Se trata de la historia real de una monja que se escapó del convento y anduvo por varios lugares con la espada a la mano, haciéndose pasar por hombre. Aunque se desconoce con exactitud el nombre, varios documentos le atribuyen el de Catalina Erauso. La película, que se estrenó el 27 de julio de 1944, recibió opiniones encontradas, pero la fama de María se consolidó más y su imagen en pantalones resultó más atractiva. La mujer fuerte, macha, que se venga de los hombres y supera las afrentas, sale invicta y sigue preciosa.

María era admirada y querida. Los celos de Agustín aumentaban. La atormentaba con preguntas y no soportaba que se retrasara. Los chismes que circulaban no aliviaban la situación. A sus oídos llegó, por ejemplo, la versión de que un general poderoso, miembro del gobierno, era amante de su mujer. María confesó que, en efecto, le había ofrecido joyas, autos, pieles y dinero. Pero, al parecer, no pasó de ese punto.

Lara, por su parte, no se quedaba quieto. La gente también hablaba de amoríos con diferentes mujeres. Una de ellas aseguraba que el compositor la llamaba cuando María salía a filmar, para que ocupara su lugar en la cama.

Hubo un incidente que se hizo conocido. Sucedió una noche cuando llegó ella de sorpresa y él estaba con una chica. Ordenó que no le abrieran a La Doña. Ella saltó las rejas y entró. Cuando Agustín oyó los pasos decididos, salió a recibirla al pasillo, tras cerrar la puerta del cuarto. Al parecer, la cuestión no pasó a mayores.

Más que Cantinflas

En 1944 también se estrenó otra película de María Félix: *Amok*, que se filmó durante el mes de mayo y se exhibió por primera vez el 22 de diciembre. Aparte de la intervención de María, que hacía dos papeles simultáneos (de prostituta y de dama de la sociedad), ofrecía el atractivo adicional de la música compuesta por Agustín Lara.

No era la primera vez que sus obras se escuchaban en la pantalla grande. *Amok* era la decimonovena cinta donde había participado. En *Los tres caballeros,* de Walt Disney, por mencionar una, se incluyó la canción "Solamente una vez".

En esta época, a mediados del siglo, muchos europeos llegaron a América Latina cuando la Segunda Guerra Mundial arrasaba su continente. Arribaron aventureros, personas con dinero, mujeres con otros acentos. El cine en México absorbió algo de lo que se escapaba de Hollywood, que pasaba un momento de restricción. El país respiró cierto aire cosmopolita.

En la industria cinematográfica aparecieron otros nombres, como el de Antonio Momplet, un español que recorrió varios países antes de dirigir *Amok*. Años más tarde, él confesó no haber quedado contento con el resultado final. Como había sucedido antes, la película despertó críticas encontradas, pero empujó a María un peldaño más en su subida a la fama.

Para ese momento ya la rodeaba un círculo de escritores, poetas, pintores y políticos. Salvador Novo, respetado intelectual mexicano, y el poeta Efraín Huerta hacían parte de ese grupo. A ella también le interesaban las personas cultivadas. Entre los cultos y poderosos y María Félix había un imán que ejercía atracción por ambas partes.

La siguiente película que protagonizó rezumaba aires intelectuales. *El monje blanco*, que se estrenó el 6 de octubre de 1945, era un melodrama que se ubicaba en la Italia del siglo XIII, donde los parlamentos de los personajes eran versos para ser declamados.

María Félix estaba en la primera línea de la industria cinematográfica latinoamericana. Cobraba más que sus colegas. Más incluso que Mario Moreno, *Cantinflas*. Mientras ella ganaba 250 mil pesos por película, él no pasaba de los 200 mil. Superaba también a Jorge Negrete, que andaba por los 75 mil pesos. Eran años de mucha producción para María Félix. Actuaba y estrenaba una película tras otra. En 1945 se filmó *Vértigo*, también dirigida por Momplet, que se exhibió a partir de febrero de 1946. La Doña despertaba grandes amores y algunos resquemores. Ambos se hicieron evidentes ese año en un homenaje que se le brindó en el cine Chapultepec. Un grupo de periodistas y poetas devotos de la actriz abandonó la sala cuando notó la presencia de un crítico que había sido duro con María. Ella, que estaba con Agustín Lara, se quedó sentada en su silla.

María Bonita

Tras dos años de convivencia, María Félix y Agustín Lara decidieron casarse en la Navidad de 1945. Lo hicieron por lo civil en una ceremonia íntima, a la que apenas asistió un puñado de invitados. Lara, un hombre romántico por naturaleza, cubrió la chimenea de heno perfumado y de luces de varios colores. Después de la cena destapó varias botellas de champaña, sirvió suficiente a los asistentes y, con la que sobró, regó los rosales del jardín.

De luna de miel fueron a un hotel lujoso de Acapulco. Allí le compuso uno de sus melodías más conocidas: "María Bonita". María no olvidaría el regalo de aniversario que le dio un año después, cuando Lara le llevó una serenata y su gran

MARÍA FÉLIX

Agustín Lara le compuso una de sus canciones más famosas durante la luna de miel: "María Bonita":
"Acuérdate de Acapulco, de aquellas noches,
María Bonita, María del alma...
Acuérdate que en la playa con tus manitas
las estrellitas las enjuagabas.
Tu cuerpo, del mar juguete, nave al garete,
venían las olas, lo columpiaban,
y cuando yo te miraba, lo digo con sentimiento,
mi pensamiento me traicionaba".

amigo Pedro Vargas interpretó la canción.

Después de la luna de miel la vida siguió el curso que llevaba, con momentos de sosiego y alegría de la pareja, mezclados con ataques de celos y peleas. Lara continuaba sus valoradas presentaciones, y María filmaba varias películas.

En 1946 apareció en tres títulos. *La devoradora* ayudó a dibujar su perfil de mujer fatal, despiadada, por quien mueren los hombres. Como curiosidad, durante la historia Salvador García cantaba "Aventurera", famosa composición de Lara. En *La mujer de todos* sobresalieron la actuación de la actriz y la bella fotografía de la cinta. Y *Enamorada* destacó una moda del momento, consistente en un sentimiento nacionalista que tomaba en primeros planos al maguey y a los sombreros de charros. María comenzó a incluir en su ropero, lleno de pieles y joyas, prendas autóctonas y encajes inspirados en retratos del folclor. Esta película fue dirigida por Emilio Fernández, el *Indio*, personaje de su ámbito más cercano.

En agosto de 1946 María y Agustín invitaron a algunos amigos íntimos a un restaurante conocido y soplaron al unísono tres velas sobre un ponqué. Celebraban tres años de amor.

Pero no sólo el fuego de las velas se apagaba; parecía que el de su amor también. Los ataques de celos de Lara se repetían. En una ocasión, tras una fuerte discusión, María empacó sus maletas y se fue de la casa temprano en la mañana, cuando Agustín todavía dormía. Tomó rumbo a Nueva York. A su regreso, Lara le enseñó las canciones que le había compuesto: "Humo en los ojos" y "Cuando vuelvas". Se reconciliaron. Pero los buenos vientos pasaron rápidamente. Agustín descubrió que María tenía algunos regalos que un admirador le había dado en el viaje. Se llenó de ira. Discutieron y él la acusó de infiel. Ella también sabía jugar duro y le respondió luego, cuando él estaba en plena función: la actriz envolvió la ropa del compositor en una cobija que tenía bordadas las iniciales de ella y dio órdenes al conductor para que se la tirara cuando él estuviera cantando, en una función donde se presentaba. El espectáculo que los asistentes vieron esa noche no estaba en el programa. Agustín comenzaba a tocar "Mujer" cuando su ropa cayó sobre el escenario. Tuvo que interrumpir la presentación para recoger las prendas.

Todavía no había llegado lo peor. Tiempo después, María habría de recordar que el año de 1947 fue quizá el mejor de su carrera, pero fue también uno de los más tristes de su vida sentimental. Un episodio particular marcó para siempre la relación entre la pareja.

Ya había filmado *La diosa arrodillada*, donde parece que ella fue la modelo inspiradora de una estatua que reproduce el cuerpo desnudo de la actriz, y trabajaba en el rodaje de *Río Escondido*. Había madrugado porque la sesión comenzaba temprano. Eran las cuatro o cinco de la mañana. Lara fue al cuarto de María (tal vez aún no se había acostado, pues él trabajaba hasta tarde en la noche), mientras ella entraba al baño a buscar una peluca. *Maruca,* la llamó Agustín, con el apodo que le tenía. Ella se dio media vuelta y vio que le apuntaba con una pistola. Se agachó instintivamente y un tiro le pasó a pocos centímetros de la cabeza.

A pesar de la profunda perturbación que sentía, La Doña acudió al trabajo. Era una profesional en todo el sentido de la palabra. Algunos pudieron dudar de ciertas habilidades actorales, pero nadie discutía su disciplina, entrega y estudio.

Agustín le pidió perdón de rodillas y ella se lo concedió. Pero sabía que el barco se hundía. Por eso internó a Quique en una escuela militar de Los Ángeles y comenzó a pensar en una oferta del productor Cesáreo González para trabajar en España. Agustín le dijo que, mientras fuera su mujer, iría con ella. María supo que tenía que arreglar todo antes de partir.

Lo primero que debía hacer era esperar a que saliera el divorcio. Poco antes de que se estrenara *Río Escondido*, el 13 de enero de 1948, la prensa ya había publicado la noticia del rompimiento de la pareja. Estos artículos, combinados con los comentarios sobre *La diosa arrodillada*, mantenían a María bajo la luz pública. Siempre se hablaba de ella. Era una maga para

Antes de su viaje a España, María fue cortejada por el millonario Jorge Pasquel. No quiso casarse con él porque vio que era muy celoso. Tenía una puntería admirable, como le demostró en una ocasión cuando tumbó una hilera de latas en segundos. Años después la actriz dijo que ya se había salvado una vez de un tiro, pero que con la habilidad de Pasquel no habría tenido escapatoria.

mantener la atención sobre lo que hacía y no hacía. Sabía cuándo dejarse ver y cuándo ocultarse. No necesitaba un jefe de imagen porque se tenía a sí misma, que en esa materia era insuperable.

Antes de irse estrenó tres películas más: *Que Dios me perdone*, *Maclovia* y *Doña Diabla*. Fueron tres estrellas que alumbraron su camino hacia el otro lado del océano.

LA DEVORADORA DE TODOS

Una multitud en el aeropuerto de Barajas de Madrid esperaba a María Félix. Ella llegaba con su séquito a visitar un pueblo que ya había conquistado desde la pantalla.

—Nos dan gato por liebre—le dijo un periodista que se le acercó—. México nos manda una mujer deforme.

—¿Deforme?—contestó, sorprendida—. ¿Por qué?

—Porque tiene usted los ojos más grandes que los pies.

La emperatriz de Lavapiés

En España María estuvo rodeada de muchas personas que le brindaron cariño. El mexicano Pedro Corcuera; el duque de Alba, con quien tuvo una estrecha amistad; Luis Miguel Dominguín, a quien vio en la corrida donde murió Manolete: un terrible e inolvidable espectáculo, que no apagó la pasión que sentía por los toros.

Vivía al principio en el Hotel Ritz, uno de los más lujosos de Madrid. Estaba rodeada de un séquito que había viajado con ella desde México: peinadora, maquilladora, secretaria, costurera y su modisto Valdés Peza. Éste, a quien ella puso el apodo de "mago Carrasclás" —amable por delante y malvado por detrás—, llevaba el maletín con las joyas de la actriz. Al cofre le decían "el niño" porque la prensa amarillista mexi-

47

cana había afirmado que se trataba de los restos de un bebé que María había abortado y no quería abandonar.

Era sólo una de las afirmaciones con que los periodistas de su país la martillaban. Varias veces fue a México durante los tres años que estuvo en Madrid y siempre sintió un clima hostil. Su deseo de permanecer por fuera durante un tiempo se afianzaba de esa manera.

Cuando llevaba poco tiempo en la madre patria, Agustín se las arregló para homenajearla. A su manera. Con su elegancia y romanticismo. María llegaba con unos amigos al cabaré Villa Fontana y, al verla, Ana María González empezó a cantar el chotis "Madrid", que Lara le había dedicado. Ella, que nunca la había oído en voz de una cantante, se emocionó profundamente y sintió que el pulso se le alteraba al pensar en el *Flaco*, como le decía. Tomó fuerza y se dirigió, decidida, a la mesa que tenía reservada. Agustín no había viajado con ella, pero la acompañaba con su música.

La primera película que rodó María Félix en España fue *Mare Nostrum*. El ambiente cinematográfico español estaba vigilado de cerca por la censura del dictador Francisco Franco. Los equipos técnicos eran poco desarrollados. La actriz era conocida gracias a que sus películas habían sido aclamadas en el país ibérico, gran importador de cine mexicano. En 1948 se vieron en España

Sin conocer la ciudad, Agustín Lara compuso "Madrid" cuando María Félix viajó a España. El chotis, aún hoy, es el himno madrileño. Y cuando se escucha en plena Gran Vía o en la Puerta del Sol se hace una evocación inconsciente a esta pareja singular: "Cuando vayas a Madrid, chulona mía, voy a hacerte emperatriz de Lavapiés pa' que adornes con claveles la Gran Vía y bañarte con vinillo de jerez".

157 títulos norteamericanos y 44 de México. Era este el segundo país proveedor de cintas, seguido por Italia (21 películas) y Francia (15). A mediados de siglo no faltaban, sin embargo, nombres talentosos en la Península Ibérica: Miguel Mihura, Manolo Goyanes, Fernando Rey, José Luis Sanz de Heredia, Sara Montiel y Luis Buñuel.

En Hollywood fulguraban estrellas del tamaño de James Dean, Gary Cooper, Elvis Presley, Marlon Brando, Katherine Hepburn y Marilyn Monroe. En Europa estaban personajes como Federico Fellini, Grace Kelly y Charles Chaplin.

Mare Nostrum es la historia de una espía. Una mujer misteriosa, exótica, fascinadora, elegante, traidora. Una Mata Hari. Aunque la película recibió varios premios, no cautivó al público. María, en todo caso, salió bien librada, con comentarios que la calificaban de "esplendorosa".

Se había invertido mucho dinero en el rodaje. Varias escenas habían sido grabadas en Italia, adonde viajaron actores, la actriz y su séquito. Se dice que en Nápoles La Doña detuvo literalmente el tráfico; las autoridades le pidieron que no saliera en las horas pico para evitar trancones en la circulación.

¡Olé!

El torero Luis Miguel Dominguín fue, según dijo la actriz, un capricho pasajero. Era buen mozo, joven y famoso. Le gustaba disfrutar de la vida y sintió empatía con María. Lo que ella no imaginó fue que el joven contara después detalles de sus encuentros a una revista del corazón.

Cuando La Doña llegó al aeropuerto de Madrid fingió no saber quién era Dominguín. El muchacho solo tenía veintitrés años, pero era conocido en todo el mundo. Poco después él pudo desquitarse, cuando volvieron a encontrarse. Antes de saludarla le preguntó si se conocían.

Esa noche, según contó el torero, ella lo invitó a su hotel, y ordenó caviar, champaña, pollo y otros manjares. Después viajaron a París. De acuerdo con Dominguín, ellos revivieron el romance de Hernán Cortés y la Malinche, en alusión al amorío que sostuvieron el conquistador español y la india mexicana.

Años después, en 1952, Dominguín visitó por primera vez México. El 12 de diciembre triunfó esplendorosamente y le brindó el toro a María. Era el remate perfecto de un romance como de película.

Sombra misteriosa

María Félix vivió cerca de tres años en Madrid. Abandonó el Ritz y se hospedó la mayoría del tiempo en el Hotel Palace, uno de los mejores del país, donde se sentía en casa. Viajaba a México durante cortas temporadas. Una de las visitas, en 1949, fue particularmente ingrata.

Por un lado la tempestad que había generado su divorcio con Lara aún no había cesado. La gente hablaba de ello, los periodistas opinaban y analizaban. Muchas personas miraban el acontecimiento con recelo, en un país de costumbres conservadoras y en una época donde el divorcio aún era extraño en la sociedad.

Por otro lado, sucedió un episodio que involucró a María en una muerte misteriosa. Se trataba del fallecimiento de la poetisa Rebeca Uribe, amiga y secretaria de la actriz. Su cadáver apareció en un motel, al que había llegado la noche anterior en compañía de una mujer alta. Esa misma persona salió del lugar a horas tempranas de la mañana siguiente. Una foto de María Félix encontrada en la cartera bastó para que se comentara que ella había sido la acompañante misteriosa. La autopsia reveló que la muerte había sido provocada por una sobredosis de cocaína y luego se supo, con nombre y apellidos, quién había sido la señorita que había estado en el lugar de los hechos. María era, pues, inocente.

El episodio le dolió particularmente porque Quique, que había viajado desde Canadá —donde estaba internado en un prestigioso colegio—, pasaba unos días con ella y se vio afectado por las habladurías que acusaban a su madre.

Aunque algunos sectores la atacaban, otros afianzaban su amor por la actriz. Despertaba pasiones impresionantes. Sus amigos cercanos la adoraban y protegían. Personas como el pintor Diego Rivera seguían cada uno de sus pasos. Recibía invitaciones a todo tipo de reuniones, aceptaba homenajes, se sentía querida por ellos y admirada por muchos otros.

El 15 de agosto de ese año, 1949, se estrenó en Madrid la segunda película que rodó allí la mexicana: *Una mujer cual-*

Un óleo pintado por Diego Rivera causó un pequeño escándalo. El cuadro muestra a la actriz con ropa transparente y fue el centro de numerosas críticas. Muchos estuvieron de acuerdo en que no era la obra más afortunada de Rivera. La misma María Félix lo vendió tiempo después.

quiera. En la elaboración de los diálogos participó Miguel Mihura, que en 1952 también trabajaría en *¡Bienvenido Mister Marshall!*, una cinta que marcó huella en España. María Félix tenía más compromisos en ese país.

Deseo de un hombre

Tras su corta y amarga estancia en México, regresó a Madrid, previa escala en La Habana. La ciudad cubana la agasajó con un recibimiento impresionante. El pueblo salió a las calles, el presidente le hizo entrega de las llaves de la ciudad y le dio la medalla de ciudadana de honor. En el hotel recibió docenas de cartas de admiradores, y en una de ellas, cogida al azar, encontró una medalla de la Virgen de la Caridad del Cobre. Intrigada, María la leyó. Esa noche pudo responderla con hechos.

Estaba en una recepción cuando el presidente Prío Socarrás le contó que quería hacerle un regalo personal y le pidió que le dijera qué quería. Podía elegir entre un carro, una casa o una joya. María fue contundente: ella deseaba un hombre. Solicitó el indulto para un condenado a muerte que había asesinado al violador de su hermana. El mismo que le había mandado la carta con la medalla de la Virgen. El presidente anuló la sentencia.

Desde cualquier lugar del mundo

De vuelta en Madrid, María trabajó en la grabación de *La noche del sábado*, de Jacinto Benavente, en una época en la que la censura se endureció. Durante esos días se habló de un romance entre ella y Cesáreo González. Ninguno de los dos fue tajante al admitirlo o negarlo.

En todo caso la siguiente película fue producida por González. Se trataba de *La corona negra,* cuyo argumento era del escritor y dramaturgo moderno Jean Cocteau. Se filmó en Marruecos y desarrollaba una historia policíaca y misteriosa.

María acusó a Cocteau de plagiarse a sí mismo. Contó que le había dicho que ella era una loca que se creía María Félix, y que poco antes le había oído decir que Victor Hugo era un loco que se creía Victor Hugo. Sin embargo le divertía estar a su lado. Aprendía mucho. Esa no fue la única frase memorable de Cocteau respecto a la actriz. También dijo que era tan bella que hacía daño.

La corona negra se estrenó en Madrid en septiembre de 1951. A María le quedaron los recuerdos del rodaje en un país fascinante y el gusto por los artefactos árabes. A su colección de sombreros le agregó varios turbantes y velos. Adquirió collares y chilabas. Su imagen de mujer cosmopolita era dibujada con trazos cada vez más fuertes.

De Marruecos saltó a Italia, luego de rechazar otra oportunidad de ir a Hollywood. Le llegaban ofertas de diversos lugares y era buen momento para mantenerse lejos de México, que sufría un descenso en la industria cinematográfica. Se producían menos películas, por un lado, y, por otro, la asistencia del público a las salas de cine había bajado notoriamente.

María Félix filmó en Italia *Icantésimo trágico,* la cual se estrenó en México con el nombre de *Hechizo trágico* y en

Francia con el de *Oliva* (de oído, casi, porque no sabía italiano), y *Mesalina,* producción costosa ubicada en la Roma antigua, cuya historia fue debidamente limada para pasar por el embudo de la censura española, a donde se pensaba exportar. María recibió la bendición del papa Pío XII, en la residencia de Castelgandolfo. Habló con él en español, idioma que el pontífice dominaba.

Cuando trabajaba en la película recibió una noticia terrible para ella: su padre había muerto de un ataque cardíaco en Navojoa. No viajó a México porque era muy difícil suspender la grabación, pero sintió enorme tristeza. A pesar de los sufrimientos que padeció de niña, le guardaba mucho cariño.

La actriz siguió su conquista internacional con varios viajes. Estuvo dos semanas en París, donde fue recibida con aplausos, gracias al éxito que había tenido *Enamorada.* Fue el primer guiño en la estrecha relación que se consolidaría entre ella y la ciudad. Estuvo luego en Londres, y de allí zarpó hacia Nueva York. Y finalmente tomó rumbo hacia Argentina, adonde fue a grabar *La pasión desnuda.* El viaje fue en un buque que hizo escala en Río de Janeiro. Llegó a Brasil en pleno carnaval. Durante los siguientes días sólo respiró música, baile y sensualidad. Se perdió en la euforia de la fiesta. Un buen momento para tomar el impulso necesario que le permitiera afrontar su nuevo trabajo en Buenos Aires.

Cuando María canceló la boda con Thompson, el novio estaba preocupado porque no sabía qué decirle a la prensa. La actriz sugirió inventar que se había partido un brazo. Instantes después oyó un grito del actor, proveniente de un cuarto cercano. Se había dado un martillazo en el brazo. Se había fracturado el hueso para que no lo tildaran de mentiroso.

La capital argentina la recibió con júbilo. En el hotel la esperaba un ramo de flores enviado por Eva Perón. Fue el comienzo de una amistad que mantuvieron dos de las mujeres más emblemáticas de la América Latina del siglo pasado.

En Argentina vivió un romance con el actor Carlos Thompson, que participaba en la misma película. Era un hombre muy popular en su país, que había actuado en varias películas y que había cautivado a un público importante con su participación en *La indeseable* y en *El túnel*. Era un donjuán. Le presentó mucha gente de Argentina, le enseñó a bailar y a apreciar el tango. Pasó semanas de verdadera felicidad con él. Tanto que aceptó casarse cuando se lo propuso.

Estaba todo organizado: la boda en Montevideo, la recepción, el viaje de Quique. Los periódicos anunciaron la noticia con grandes titulares. El domingo se casarían. Pero de pronto María tuvo una corazonada y se dio cuenta de que no estaba enamorada. El jueves anterior al gran día se arrepintió y canceló todo. Decidió irse a México por una temporada.

La pasión trágica

Cuando María se bajó del avión en México se sorprendió al recibir un ramo de flores que le entregaban de parte de Jorge Negrete. Se lo mandaba con el mensaje de que estaba feliz de que no se hubiera casado con el argentino. Era un gesto amable, que extrañaba después de las discusiones entabladas en la grabación de *El peñón de las ánimas*. El charro no había podido ir en persona porque estaba trabajando, pero no faltó al homenaje de bienvenida que se le ofreció a la actriz en el Hotel Regis. Desde ese momento la relación tomó un camino completamente distinto al que había llevado. Fue como comenzar de nuevo. Negrete desplegó todas las armas en la seducción de María Félix: serenatas, dulces y regalos le ayudaron a halagar a la mujer que se convertiría en su tercera esposa.

Él era un hombre sumamente famoso y querido en México. Tenía una voz privilegiada, con la que quiso incursionar en el mundo de la ópera, y que terminó como dueño de la música popular del país. "Me he de comer esa tuna", "El charro mexicano", "Juan Charrasqueado" y "México lindo" fueron algunos de los temas que interpretó en sus discos. También fue un actor que se mantuvo en las primeras líneas de créditos.

Aparte de su trabajo frente al público, realizó una tarea importante como directivo de la Asociación Nacional de Actores, ANDA. A ella se consagró con tanta tenacidad que terminó por afectarle la salud. Pero durante su noviazgo con María no existía ningún temor al respecto.

Fue un tiempo alegre para la actriz. Vivía en el Hotel Regis porque todavía no estaba preparada la finca que había comprado en Tlalpan, que pasaría a ser su residencia y que todos conocerían como la casa de Catipoato. Se trataba de la construcción de un sueño que había mimado por varios años. Había sido un convento y perteneció a un inglés, que se la vendió a María. Tenía casi quince mil metros de jardín y 600 árboles frutales. La decoró con muebles mexicanos del siglo XVII y bancos de un convento de Puebla. Allí llegó a tener ochenta serpientes cascabel que le regaló Diego Rivera y catorce perros que ella había recogido en la calle. Ese fue, precisamente, el lugar que Jorge Negrete y María Félix eligieron para celebrar la que muchos llamaron "la boda del siglo".

A lo mero macho

María salió del Hotel Regis en compañía de su madre y su hijo. Los siguió una muchedumbre en carros y camionetas hasta la casa de Tlalpan, la conocida finca de Catipoato. Jorge entró con su madre y su hija Diana, fruto del primer matrimonio con Elisa Christy.

"Que sea feliz, muy feliz", le deseó Agustín Lara con caballerosidad a María Félix, cuando supo que se casaba con Jorge Negrete.

La recepción fue de película. María iba vestida con traje típico y sandalias; llevaba dos trenzas y un rosario de perlas en el brazo derecho. Jorge tenía un traje de charro mexicano de gamuza color marrón y botones de plata. Los invitados no se quedaron atrás. Las mujeres exhibieron distintos modelos, todos típicos del país, y los hombres lucieron desde chaquetas hasta ropa de calle. El aire era evidentemente mexicano. La comida también. Los invitados disfrutaron de enchiladas, mole, quesadillas y tacos. Cien personas se sentaron en una mesa en la terraza. Eran sus amigos más cercanos, entre los que estaban los pintores Frida Kahlo y Diego Rivera, además de otros intelectuales y políticos poderosos.

Era el 18 de octubre de 1952. Se casaron ante el juez Próspero Olivares Sosa y todo el continente estaba pendiente del acontecimiento social, que se transmitió por radio. Estaban presentes cerca de 60 periodistas y 80 fotógrafos, aparte de los 400 invitados. Un contraste fuerte con el ambiente íntimo de las bodas anteriores de María.

Los novios cortaron un gigantesco pastel decorado con perlas y, luego, Jorge le dio su regalo de bodas: un collar de esmeraldas, que daría mucho de qué hablar. A continuación Negrete cantó varios temas de amor dedicados a su nueva esposa y terminó con el que dice una frase conocida: "México lindo y querido, si muero lejos de ti, que digan que estoy dormido y que me traigan aquí". María entendió después que había sido un presagio de muerte.

The end

En 1953 María filmó en México *Camelia*, luego de cuatro años de no haber trabajado en su país. Después grabó, al lado de su esposo, dos películas: *Reportaje* y *El rapto*. En la primera aparecían en una pequeña historia, donde ambos, cada uno en una habitación de un hotel, se preparaban para una prueba que debían presentar ante un productor al día siguiente. Ella intentaba descansar y él se lo impedía con su música mariachi. María se quejaba en el cuarto ruidoso con la cara cubierta por una mascarilla blanca. Negrete la despachaba sin mayor consideración. Al día siguiente se daría cuenta de que era una belleza. En *El rapto* recrearon una historia de amor. La película, en la que ya se notaba la desmejoría de Jorge por culpa de la cirrosis, se estrenó cuatro meses después de su muerte.

Cuando a María Félix le ofrecieron un papel en *La bella Otero*, que se iba a filmar en Francia, ella quiso rechazarlo para quedarse al cuidado de Jorge. Él insistió en que no desaprovechara la oportunidad. Ella viajó, entonces, a París.

Llegó a París apoyada por el cariño de la gente, y partió pronto, con angustia. El médico de Negrete la llamó y le comunicó que su marido se había enfermado mientras cantaba en Los Ángeles. Estaba muy grave. Lo habían internado en el hospital Cedros del Líbano.

La actriz salió de inmediato y, tras un largo viaje, llegó al hospital, donde lo encontró en estado de coma el 5 de diciembre de 1953. Estuvo a su lado hasta que murió al día siguiente.

Lo enterraron en su México lindo y querido, como tantas veces lo había pedido en la canción. Todo el país esperó ansioso la llegada del avión contratado por el gobierno para que trasladara el cuerpo. Cuando María bajó vestida con pantalones estalló un gran escándalo, puesto que muchos tomaron el gesto como una falta de respeto. Ella explicó luego que se puso lo primero que vio. En todo caso, ese tipo de asuntos no le preocupaban. Estaba completamente destrozada. Su matrimonio había durado poco. Luego se quejaría de que él se había ido cuando lo empezaba a conocer. Se alcanzó a dar cuenta, eso sí, de que era bueno y solidario, aunque a veces las emociones dominaban sobre su cerebro.

A la salida del cementerio, Cantinflas subió al carro con María y la madre de Jorge. La actriz le pidió que se bajara porque él había sido un rival fuerte de Negrete en la ANDA. Ella le achacaba haber contribuido a destrozar el hígado de su marido. Cantinflas se limitó a pasarse al asiento de adelante.

Cientos de miles de personas acompañaron a Negrete en su último camino. Una de ellas murió ahogada entre la multitud y 1.400 artistas mexicanos suspendieron su trabajo en señal de duelo. Se cerraron los cines y teatros. El entierro se transmitió por televisión. Cerca de 200 mil personas acudieron al cementerio. Una jovencita se suicidó por el charro.

El dichoso collar

En marzo de 1954 María se disponía a viajar de nuevo hacia París, cuando la policía le impidió la salida. Periodistas y amigos fueron testigos de otro escándalo. Un juez había ordenado que permaneciera en el país hasta que se decidiera quién era el dueño del collar de esmeraldas que le había dado Negrete el día de la boda.

El problema radicaba en que Jorge había muerto antes de terminar de pagar las cuotas del presente. María sostenía que era suyo puesto que se lo habían regalado, pero varios miembros de la familia Negrete no estaban de acuerdo. Al fin y al cabo ellos tendrían que cancelarlo. La actriz regresó a su casa. Pero no por mucho tiempo. Poco después tomó un avión con rumbo a París. Y se llevó el collar. En México, que no terminaban de llorar a Negrete, quedó un sabor de rencor. Sentían que ella se iba a Europa —con todo y collar—, mientras los demás escuchaban con nostalgia las canciones del charro, que no dejaban de sonar en la radio.

Tiempo después Quique le contó a su madre que alguien pensaba realizar una producción sobre la historia del collar. Ya estaban listos el guión, el director, los actores, la escenografía y el vestuario. La ANDA intervino y, en una reunión, María Félix expuso sus argumentos para impedir que se aireara un episodio de su vida privada. Como el director del proyecto no quería dar su brazo a torcer, la actriz sacó una carta de la manga y lo amenazó con develar la vida de su esposa, cuando fichaba en el bar Chicote de Madrid. En ese momento supo lo que era enfrentarse a María Félix. Fue el final de una película que no alcanzó a comenzar.

María terminó de pagar el collar cuando se casó con el millonario Alex Berger. Tiempo después lo mandó a deshacer y usó las piedras en otras joyas. Un remate poco brillante para una alhaja que inspiró muchos comentarios.

Si yo fuera french

La filmación de *La bella Otero* fue agotadora. María tuvo que practicar bailes que desconocía, estrechar su relación con las castañuelas —que nunca había tocado— y, por si fuera poco, aprender francés.

Cuando la actriz supo que todavía vivía Carolina Otero, la *vedette* inspiradora de varias películas y libros, se propuso ir a Niza a conocerla. Su amigo Jean Cocteau se la presentó. Le pareció una mujer embrujadora, con quien llegó a tener una buena relación. Escuchaban música juntas (a Carolina le encantaban las canciones mexicanas) y pasaban largas horas en tertulias con otros amigos, casi todos intelectuales.

En París fue un día a la joyería Cartier y desplegó sobre el mostrador un pañuelo mexicano, donde había envuelto todas sus joyas. Dijo que quería una distinta, algo que nadie tuviera. Y le hicieron caso: le diseñaron una serpiente de brillantes, con ojos de esmeralda, que servía de pulsera y de collar. Se podía también usar como decoración sobre una mesa. Conjugaron en un solo objeto dos de sus pasiones: las joyas y las serpientes.

Para aprender a hablar francés, María se concentraba en sesiones de ocho horas, y se ponía un lápiz debajo de la lengua para facilitar la pronunciación correcta.

Las primeras semanas en Francia no fueron fáciles. Estaba triste y deprimida por la muerte de Negrete. Pensó que un retrato la animaría. Un retrato donde quedara plasmada su belleza y juventud. Acudió al estudio de Leonor Fini, una pintora con la que hizo buenas migas, quien le presentó gente interesante, como los pintores Max Ernst y Salvador Dalí. Pero la persona que más le llamó la atención fue Jean Cau, un escritor y periodista que trabajaba con el filósofo Jean Paul Sartre.

Jean Cau le ayudó a olvidar la tristeza por su viudez. Iban a conciertos, museos, bailes y reuniones de intelectuales. Decidieron vivir juntos. A su lado, María aprendió mucho. Disfrutó, pensó y vivió. Por él conoció, entre otras personas, a Sartre y a su esposa Simone de Beauvoir, con quienes no simpatizó en lo más mínimo al principio. Con el paso del tiempo, la relación con Simone de Beauvoir mejoró.

A puño limpio

La siguiente película que filmó en Francia fue *French Cancan*, dirigida en 1954 por Jean Renoir, hijo del famoso pintor impresionista. María lo comparó con un elefante color rosa. Se acercó a él con ánimo de aprender, con la mente abierta a recibir sus indicaciones y consejos. Aunque tenía fama de ser intransigente, ella sabía ponerse en el papel de aprendiz cuando consideraba que valía la pena.

Ello no quería decir que cambiara su manera de ser. Lo demostró durante la filmación, cuando hubo un roce con Françoise Arnoul. Hay varias versiones sobre lo que sucedió. Algunas —entre ellas la de la propia María Félix— dicen que

María Félix y el fotógrafo colombiano Leo Matiz.

*La Doña a bordo
del barco*
Queen Elizabeth.
*La fotografía fue
tomada el
18 de marzo
de 1949.*

Arriba:

Afiche del musical French Cancan *en el que María Félix hizo el papel de Lola de Castro.*

Página anterior:

María Félix, La Cucaracha, *en la película de Ismael Rodriguez.*
1958.

Página siguiente:

María Félix en La devoradora *(1946) de Fernando de Fuentes.*

Arriba:
La actriz mexicana en una escena de la película La corona negra,
dirigida por Luis Saslavsky, en 1951.

María Félix en Acapulco en enero de 1978.

la actriz francesa sintió celos porque la mexicana la opacaba, así que en una escena la golpeó con el puño, en lugar de hacerlo con el sombrero, como había señalado el director. La Doña, aseguran, le dio dos bofetadas y la mandó al hospital. De acuerdo con otras reseñas del suceso, la cosa no fue tan grave. Françoise Arnoul le pegó involuntariamente a María, y ésta le lanzó una bofetada que terminó en el aire. Empezó una riña, que el director logró terminar antes de verse obligado a llamar una ambulancia.

Cuando no trabajaba, María recorría las calles de París, conocía sus restaurantes y visitaba almacenes. Se apropiaba de la ciudad, que ejercía un atractivo especial para ella. Algo similar sucedía en México y en América Latina hacia la cultura francesa. El ascenso en el número de películas importadas de allí por México lo demuestran: en 1953 se llevaron 21 títulos, en 1954 fueron 33 y en 1955 llegaron a 39.

Sin embargo el continente no perdía sintonía con lo que sucedía en los Estados Unidos. En 1955 el cine lloró a James Dean, un actor que con tres películas enloqueció a la juventud mundial. Y también bailó en *Semilla de maldad*, cuyo protagonista fue Glenn Ford, con la canción "Rock Around the Clock", de Bill Haley. Fueron símbolos de la generación que se abría camino.

Lío de cámara

María Félix trabajó en su siguiente película con el actor y cantante Yves Montand. A pesar de que él tenía 34 años y ella

41, cinematográficamente constituían una buena pareja. No así en cuestión laboral.

El primer problema, según María, radicó en que tanto él como su esposa, Simone Signoret, querían que la mexicana aceptara una cláusula del contrato, donde se comprometía a no acostarse con Montand. A ella le pareció ridículo y se negó a hacerlo. Finalmente, Simone Signoret recapacitó y cedió.

También los separaba su posición frente a la política. La pareja francesa participaba con intensidad en actividades del partido comunista. Para La Doña los comunistas eran ingenuos e ilusos, como algunos de sus amigos mexicanos.

Las hostilidades, sin embargo, cesaron. Montand dijo que María Félix tenía el rostro más asombroso que había visto, y ella, por su parte, aseguró que era un privilegio trabajar con él.

El resultado fue bueno. *Los héroes están fatigados* fue una de las mejores películas que la actriz filmó en Europa. Se exhibió en París en octubre y noviembre de 1955, y en México, donde tuvo un recaudo de taquilla extraordinario, se estrenó en noviembre de 1956.

Durante el rodaje de *Los héroes están fatigados* María conoció a Picasso, que era amigo de los Montand. A pesar de que le pareció arrogante, recordaba una simpática anécdota: cuando cenaban en un restaurante, se les acercó un hombre con el dibujo de su hijo y le preguntó al pintor si le parecía tan bueno como un Picasso. Él respondió que no lo sabía, lo firmó y concluyó que ya era un Picasso. El padre orgulloso quedó feliz.

Por esta época María Félix rechazó otra oferta para ir a Hollywood. Nunca se arrepintió. Pensaba que era un menosprecio para ella y para México ir a posar de belleza autóctona. Sintió, en cambio, que era hora de volver a trabajar en América Latina. Se despidió de Francia por tiempo indefinido. Y le dijo adiós a Jean Cau. Siguieron en contacto mediante cartas, escritas sobre todo por él, porque ella era un tanto perezosa para eso. Pero la relación perdió fuerza hasta que se acabó.

Canasta de sonatas

América Latina entera la adoraba. En todos los países que recorrió fue recibida con devoción y nunca sobró un sitio en los lugares donde se presentó. Para la gira por el continente montó un acto cómico con Andrés Soler. Fue un viaje lleno de pequeños incidentes, que la acercó a muchas nacionalidades que la veían como paisana. De cada lugar contó luego alguna anécdota, que mostraba las vicisitudes de la gira.

El número cómico desarrollaba la historia de un viejo verde, que era víctima de burlas y engaños por parte de una mujer bonita. María bromeaba con el público y, al final, cantaba algunos boleros, siempre con la previa advertencia de que no era cantante.

El día antes de la llegada de la mexicana a Venezuela, el obispo de Caracas advirtió a los buenos católicos que no debían ir a verla, porque era una devoradora de hombres y una destructora de familias. Para María resultó una publicidad extraordinaria, como constató por el recibimiento efusivo que recibió. Al día siguiente se publicó la noticia de que el obispo había muerto de un paro cardiaco. Algunas personas llegaron a culpar a María del suceso, de manera que ella resolvió irse del país por miedo a que la agredieran en la calle.

En Bogotá se programaron dos presentaciones cada noche. Era mucho para ella, que estaba cansada con el cambio de horario y los traslados de un sitio a otro. Una noche no quería salir a la segunda función y su representante, Fanny Schatz, le pidió que por lo menos saludara al público. Así lo hizo. Deseó buenas noches a todos y contó que se iba a descansar porque estaba rendida. Uno de los espectadores protestó: había pagado mil pesos y no había visto nada. Ella le respondió que muchos habían pagado más y habían visto menos.

Su paso por Lima fue bastante movido. Estaba en el piso número veinticinco de un edificio, en plena presentación, cuando sintió que todo se movía. No era un mareo, sino un fuerte temblor. O un auténtico terremoto, como ella diría. Se controló al máximo y tranquilizó a los presentes. Al terminar, cuando ya se habían ido, se desplomó. Le confesó a la representante que había tenido mucho miedo, pero que doña Bárbara no podía quedar mal con la gente.

No fue el único momento de pánico que sufrió en Lima. El explorador Jacques Cousteau, que estudiaba la fauna marina del litoral peruano, la invitó a participar en una expedición.

Con un traje de buzo bajó en una nave, en compañía de dos camarógrafos, varios metros bajo el agua. Todo tipo de peces los rodearon. Le pareció maravilloso. Hasta que un tiburón tigre se molestó y empezó a golpear la ventana. El vidrio se rajó un poco y tuvieron que subir a toda velocidad.

En México filmó otras dos películas, *La escondida* y *Canasta de cuentos mexicanos*. En la primera apareció con Pedro Armendáriz, que era, a su lado, una de las figuras más conocidas en el exterior. Recibieron buenas críticas. En la segunda interpretó a una mujer independiente que se humilla por amor. Un papel que conocía bien en la pantalla.

Por las nubes

Se conocieron en Cartagena, en 1955. El capitán Gonzalo Fajardo había llegado allí sin planearlo por culpa de una tormenta que no le permitió seguir el curso trazado. En una situación similar se encontraba su colega, el capitán Tirado. Se reunieron a comer en el restaurante del aeropuerto y Tirado le presentó a sus acompañantes. Ahí estaba ella. Cuando la vio sintió un corrientazo. Le pareció espectacular.

Decidieron todos seguir la velada en el avión, donde estarían más cómodos. María, en voz baja, lo invitó a comer al día siguiente. Él, según confesó a la revista *Semana* cuando ella murió, acercó su mano a la de ella y sintió rayos y centellas al tocarla.

Fajardo se tomó de inmediato los tres días de descanso que le correspondían y se fue a Barranquilla, ciudad a la que se trasladaba María con su comitiva. Se encontraron en el Hotel El Prado. Ella tenía un vestido blanco y el collar de esmeraldas que le había regalado Jorge Negrete y que había sido objeto del escándalo en México. Fueron unas jornadas de gran felicidad.

El romance siguió en Bogotá. Allí se vieron varias veces y fueron de paseo a Mesitas.

Ella siguió hacia Ecuador, donde fletó un avión de Avianca, con la condición de que lo piloteara Fajardo. Y regresó a

México. Se mandaban telegramas y María lo llamaba con mucha frecuencia.

El siguiente lugar de encuentro fue Nueva York, a donde el capitán llegaba el lunes y se quedaba hasta el sábado. La actriz viajaba desde México D. F. y lo esperaba en el aeropuerto. Durante los días que pasaron en la ciudad se hospedaron en diferentes hoteles.

María contó en varias ocasiones que había tenido un romance con un colombiano. Pero no aclaró su nombre. Él respetó esa actitud y sólo habló luego del fallecimiento de la actriz. En su autobiografía ella habló de un piloto de Avianca y no escatimó adjetivos: lo describió como joven (él tenía veintisiete años), fuerte y guapo. Él ha contado que la actriz tenía una personalidad fuerte y, a la vez, cariñosa. En la intimidad era sencilla, suave, tierna. Se revestía de una fachada masculina como mecanismo de defensa. Era una mujer inteligente y culta. Y se preocupaba por su apariencia física.

La actriz aseguró que Fajardo ganaba muchísimo dinero. El piloto reconoció que, en efecto, ganaba un buen sueldo, pero que no alcanzaba a pagar las cuentas de María. Cada uno se hacía cargo de lo suyo. Y es que La Doña no se frenaba ante algo que le gustara mucho. El colombiano recordó una ocasión en la que ella entró a una joyería de la Quinta Avenida de Nueva York y compró una pulsera que le gustaba. El precio no le importaba.

María reconoció que se había enamorado un poco. Fajardo dijo que cada vez se querían más y viajaban muchos kilómetros para encontrarse. Panamá, Estados Unidos, México.

No en vano la actriz reconoció que sólo un piloto podía seguir el itinerario que ella llevaba.

El romance duró diez meses. Hablaron de casarse (ella incluso le regaló una argolla), pero optaron por no hacerlo. María pensó que ella tendría que irse a Colombia o él a México y que eso no era conveniente. Comprendieron que lo mejor era separarse, una decisión que debió de agradar a los padres de Fajardo, que no veían con buenos ojos la relación. Para evitar más dolor acordaron no volver a verse. El piloto se despidió de *Caperuza*, como la llamaba en honor a una noche que salió a comer con una capa con caperuza. María hizo lo mismo con su "gatico con alas", como le decía.

Se volvieron a ver años después, hacia 1963, cuando los dos coincidieron en Lima y María lo invitó a su presentación. Conversaron, él le contó que se había casado hacía poco y se despidieron esa noche.

ENAMORADA

Lo había conocido cuando era esposa de Agustín Lara. Él, el banquero Alex Berger, estaba casado con una polaca de nombre Nastia, y era padre de una niña. Se volvieron a ver tiempo después, cuando ninguno estaba comprometido sentimentalmente. Berger la cortejó y ella estaba feliz. Le encantaban su carácter firme y suave y a la vez, su trato fino, su sentido del humor, su tono cosmopolita.

Se casaron el 22 de diciembre de 1956 en un juzgado de las afueras de París. La boda, que fue privada porque al novio no le gustaba la publicidad, generó otro alboroto en la prensa. Todo lo que hacía María Félix era noticia; una boda merecía docenas de titulares a varias columnas. Se dijo, entre otras cosas, que era un matrimonio de conveniencia para ella. Lo desmintió luego varias veces con un argumento que pocos podían rebatir: era guapa, decía, y tenía dinero. En realidad era un partidazo para cualquiera. María no necesitaba casarse por interés.

En ese mismo mes se celebraron los veinticinco años del cine mexicano y La Doña fue figura principal de todos los actos conmemorativos. La pren-

Alex Berger nació en Bucarest en una familia muy adinerada, se educó en Austria y se nacionalizó como francés cuando estalló la Guerra Mundial. Emigró a México ante la inminencia de la invasión alemana de Francia. Hablaba rumano, turco, ruso, francés, alemán y español.

sa hablaba, los chismes corrían, pero la gente sentía un cariño especial por ella.

La vida de María Félix con Alex Berger fue tranquila. Vivieron durante dieciocho años en un ambiente de delicadeza, armonía, alegría y amor. Con él La Doña afianzó su cariño por los caballos, viajó y disfrutó de muchos lujos, gracias a su generosidad. Una prueba de ella fue el caso de la casa de Catipoato, la residencia que había arreglado con tanto esmero. María la vendió porque le parecía muy aparatosa y su ubicación era inconveniente para la nueva vida que llevaba. Alex le sugirió que se guardara el dinero y ella se dio un gusto personal: se compró otra casa y la llenó de antigüedades.

Vida en diagonal

María tenía su casa en México. Alex tenía un apartamento en París. Ella llevaba su trabajo de manera independiente (al principio de su matrimonio grabó *Tizoc*, que se estrenó en 1957). Él la animaba, pero no se involucraba. Él seguía con sus negocios y ella respetaba su independencia, sin que eso impidiera que diera opiniones y sugerencias. La actriz explicó alguna vez que no llevaban vidas paralelas,

Aunque María había sido fumadora de cigarrillos —lo dejó de un día para otro en consideración a sus pulmones—, no soportaba el olor de los tabacos que fumaba Alex. Pensaba que era mejor que los fumara en casa en lugar de irse a otra parte a hacerlo y optó por una solución peculiar: se aficionó ella también a los puros.

sino en diagonal. Se complementaban sin el agobio de la rutina.

Berger no era celoso y eso fascinaba a María Félix. No veía a sus ex maridos como rivales. Tanto así que Agustín Lara fue amigo de la pareja. De hecho organizaron una presentación conjunta de la actriz y el compositor en Los Ángeles. El mismo Alex animó a María a aceptar la oferta del propietario del teatro Million Dollar, donde se dio la función.

No fue la mejor idea, porque se generó una rivalidad entre los dos artistas. Según las personas cercanas a Lara, el explosivo se encendió porque María sintió celos de que Agustín acaparara las luces del espectáculo. Los íntimos de la actriz, y ella misma, aseguraron lo opuesto: que el cantante no podía soportar que a ella la aplaudieran más.

Lo cierto es que cuando María estaba cantando "Solamente una vez", Lara cambió la música y comenzó a tocar "Granada". Ella se descontroló y siguió con "Solamente una vez". Cuando terminaron, ya entre bambalinas, Fanny Shatz le reclamó el hecho a Agustín. Le parecía que no había sido justo con María Félix, que no era cantante. Lara se limitó a responder que si no era cantante no había razón para que se metiera a cantar sus temas.

En la siguiente presentación, Agustín no cambió repentinamente de canción, pero sí de ritmo. María intentó empatarlo como pudo. Después, mientras él interpretaba "Acuérdate de Acapulco", ella soltó una carcajada con desdén. Fue la venganza que contempló y aplaudió Alex, a quien aquel episodio divirtió enormemente.

Trabajo a galope

A pesar de que a María no le había gustado la historia de *Tizoc*, la película tuvo mucho éxito. En ella actuaba con Pedro Infante, un hombre que le pareció machista, aunque mantuvieron relaciones cordiales.

Después se concentró en el rodaje de *Flor de mayo*, a pesar de que entró con mal pie. Había aceptado con temor porque estaba embarazada. Alex la había tranquilizado: creía que era conveniente que se distrajera un tiempo. En una escena se resbaló, cayó y se pegó contra unas piedras. Perdió al hijo. Fue un momento doloroso, que guardó en su intimidad.

En 1957 se estrenó en Madrid *Faustina*, la reciente película de María Félix. Estaban también en cartelera *El último cuplé* (con Sara Montiel) y *Calle mayor* (de Juan Antonio Bardem). *Faustina* fue opacada por semejante competencia.

Pero lo que más le dolió a la actriz mexicana en aquellos días fue la muerte de Diego Rivera, una de las personas más cercanas a ella, con quien había alimentado una estrecha amistad. María fue buena amiga de la pareja formada por Frida Kahlo y Rivera. Él, sin olvidar a su compañera, no ocultaba su fascinación por La Doña. Decía que había fundado la religión "marifeliana", de la que era sumo pontífice. La actriz se divertía con las ocurrencias del pin-

La relación entre el pintor Diego Rivera y María Félix fue muy peculiar. Él nunca ocultó su amor por ella. Ella lo quiso mucho, siempre en el plano de la amistad, a pesar de los chismes que decían que eran pareja. Frida Kahlo, compañera de Rivera, fue muy cercana a María. Un día, incluso, le pidió por carta que se casara con Diego.

tor y reconocía que él la había amado sin esperanzas durante casi un decenio.

En los siguientes dos años María participó en un buen número de películas: *Miércoles de ceniza* (1958), *Café Colón* (1958), *La estrella vacía* (1958), *La Cucaracha* (1958), *Sonatas* (1959) y *Los ambiciosos* (1959).

María Félix concentró mucha ilusión en *Los ambiciosos*, que fue dirigida por el brillante surrealista Luis Buñuel. Allí comenzó una amistad que los unió hasta la muerte de Buñuel. Ella valoraba su gran sentido del humor. La película, en la que invirtió Berger, no tuvo el éxito esperado.

En la década de los sesenta, la actriz desaceleró su ritmo de trabajo. En ese periodo filmó siete películas, antes de retirarse del cine. Se volvió más exigente, tenía más cuidado al elegir los guiones. Filmó en 1960 *Juana Gallo*, donde apareció vestida de hombre (para variar) y, dos años después, hizo de prostituta en *La Bandida*.

Fueron años tranquilos para María. Disfrutaba en compañía de su esposo y dedicaba cada vez más atención a los caballos, que Berger traspasó a su nombre. Decía que era más fácil hacer películas que cuidar cuadras. Las suyas llegaron a gozar de una gran reputación en Francia. Ganó con los animales varios premios muy prestigiosos en Europa. Los 87 caballos llevaban nombres mexicanos (Pancho Villa, Zapata) y de sus películas (Doña Bárbara, Doña Diabla). Los que le dieron más suerte fueron Chingo y Verga.

Combinaba las filmaciones y los caballos con los viajes que realizaba con su marido. Tenían un trato: de los dos viajes que emprendían al año, uno era elegido por ella y el otro por él. Alex odiaba el calor, pero se lo aguantaba cuando María decidía ir a la costa, y ella, por su parte, se sacrificaba al asistir a uno de los sitios favoritos de su esposo: un centro vacacional en Suiza, donde se dedicaba a jugar golf.

En 1962 María Félix filmó *Si yo fuera millonario*, la única comedia de su carrera. Otras *vedettes* del cine habían incursionado en ese género, como Marilyn Monroe, con quien, a propósito, María ha sido constantemente comparada. En agosto de ese año falleció la mítica rubia. Había actuado, por ejemplo, en la comedia *Los caballeros las prefieren rubias*, junto a Jane Russell, otra de las actrices famosas del momento en los Estados Unidos. Rita Hayworth, Elizabeth Taylor y Jayne Mansfield completaban el repertorio femenino favorito del Hollywood de entonces.

Ese mismo año François Truffaut estrenó *Jules y Jim*, que consolidó con fuerza a "la nueva ola". También se presentó por primera vez James Bond en pantalla con *El agente 007 contra el doctor No*.

En 1963, cuando la censura se había relajado un poco, María Félix protagonizó *Amor y sexo*. En esta película apareció desnuda. Ella dijo que había aceptado la propuesta y otros, al parecer el mismo director (Luis Alcoriza), aseguraron que había sido idea de la actriz. Antes se había visto su espalda o se había sumergido en una tina llena de espuma. Surgieron muchos comentarios: decían, por ejemplo, que lo hacía para demostrar que el tiempo no le había afectado. Ella aseguró que no era cierto. Que le importaba un comino lo que los demás pensaran de ella. Y reveló la razón que la impulsó a quitarse la ropa de la cintura para arriba: lo hizo porque le dio la gana.

Las dos últimas películas de María Félix fueron *La Valentina* y *La Generala* (producida en 1966). En 1970 actuó en una telenovela de índole histórico llamada *La constitución*. Se retiró, sin que se tratara de una decisión formal, en 1970, curiosamente el mismo año de la muerte de Agustín Lara. Mucho había cambiado desde que dio sus primeros pasos en el cine. Había aprendido una profesión, se había hecho famosa, había impulsado la industria latinoamericana, había recorrido varios países, había sido dirigida por los grandes, había defendido el papel de la mujer en la sociedad, se había vuelto millonaria y era ya un mito.

Cruces con uñas

María Félix y Alex Berger pasaban el año entre París y México. Disfrutaban buenas temporadas en Nueva York, donde mantenía una lujosa habitación en un conocido hotel. Con las alegrías que le daban sus caballos y el orgullo de ver a su hijo Quique convertido en un actor reputado en el cine y el teatro, los días de María tenían un ritmo alegre.

La mala salud de su madre, sin embargo, le preocupaba. Viajaba constantemente a México para visitarla. *Chefa*, como la llamaban, vivía entonces en casa de María. Una noche, después de cenar con La Doña, Alex y Quique, le dio la bendición a María antes de acostarse. Al hacerlo, le clavó una uña en la frente. Quería que le quedara la marca. Diez minutos después murió.

En esa misma época, 1974, se enfermó Alex. Le descubrieron un cáncer de pulmón en octubre y murió poco después, el 31 de diciembre. Fue un golpe durísimo para María.

Cayó en una depresión muy fuerte, se volvió adicta a ciertas pastillas que le ayudaban a dormir, perdió el gusto por la vida, se encerró en sí misma y perdió dieciocho kilos. En tal estado fue capaz de emprender un pleito con la hija de Alex, que pedía la mitad de la fortuna del padre. Él había dejado todo para su "puma", como llamaba a María. Y ella estaba dispuesta a entregarle el veinticinco por ciento, que le correspondía por ley. Pero ante la petición de la muchacha, inició una acción legal, que le dio la razón a María.

Su estado se ánimo, sin embargo, no mejoraba. Un médico amigo fue claro al presentarle dos opciones: debía decidir si quería vivir o dejar de hacerlo. Él podía ayudarle en la alternativa que eligiese. María optó por la primera. El doctor la llevó a la Clínica Mayo de Rochester, donde se sometió a un tratamiento intenso. Aprendió a dormir, se sometió a una dieta reconstituyente, dejó las pastillas y, poco a poco, retomó el gusto por la vida.

Corona vacía

Al empezar una vida nueva, cambió la decoración de sus casas y se dedicó durante cinco años a sus caballos. Ellos le ayudaron a terminar de superar la tristeza. Tiempo después decidió venderlos.

María se mantuvo en la penumbra desde que dejó el cine. De vez en cuando se hablaba de que volvía a las pantallas (de hecho tuvo varios proyectos, pero ninguno se hizo realidad), pero seguía en la sombra. Se asomaba a la luz, sí, pero se ocultaba de nuevo. Mantenía un aire de misterio a su alrededor.

Se rodeó de amigos, algunos de los cuales conoció entonces. Y nunca le faltaron pretendientes. Estuvo con un joven de veintidós años, que le dio ánimo. Él le compuso un poema que tituló *Je l'aime a mourir (La quiero a morir)*, que luego ella escuchó, varios años después, convertido en canción. Fue un romance amable, que, sin embargo, no prosperó.

Amor a trazos

Todo comenzó por un chal. María posó vestida con chales y trajes de los indios huicholes para unas fotos que se utilizarían en el montaje de una exhibición de modas. André, el amigo que la había invitado a hacer de modelo, le pidió una foto en la que llevaba un chal para que la pintara un joven francés.

André invitó al pintor, Antoine Tzapoff, y a María a cenar a su casa. Era diciembre de 1981. Ya estaba listo el retrato, que le gustó a la mexicana. Ella le pidió que elaborara otro y se lo regalara. Antoine la invitó a su casa poco después para verla y hacer algunos retoques a su obra. La Doña aceptó. Desde entonces no se volvieron a separar.

Antoine Tzapoff creó varias pinturas de María Félix. Dos de las más conocidas son aquella en la que ella lleva un chal indio, que fue el comienzo de su relación, y otra en la que la actriz va sobre un rinoceronte. Él, poco dado a declaraciones apasionadas, le decía que sus pinturas eran palabras de amor.

María Félix se sintió fascinada por su talento, su disciplina, su sentido del humor. Le gustó su perfeccionismo, su entrega al trabajo, su interés por mejorar, su tenacidad. Antoine se dedicaba a las culturas indígenas americanas, las que estudió profundamente.

Tzapoff nació en París, con ascendencia rusa, veinte años después que María. Su juventud alegraba el espíritu de la mexicana. Lo veía guapo y vital. A su lado la vida fue muy placentera. Dijo que él le daba más de lo que recibía de ella. Eso tenía una explicación: el amor implica falta de egoísmo, y María siempre se declaró egoísta.

Juntos recorrieron México. Ella lo apoyó en su arte y fue clave en las exposiciones que montó. Recordaba con cariño una dedicada a las razas de América, que se inauguró en el Palacio de la Minería y que recorrió varios lugares del país.

Aunque aparecían en eventos públicos y mantenían una vida rodeada de amigos y actos sociales, cuidaban su intimidad. En 1993 María Félix publicó una autobiografía con ayuda y prólogo del intelectual mexicano Enrique Krauze, titulada *Todas mis guerras*. En ella habló de Antoine, de sus orígenes en Álamos, de sus pasos por el cine y, en fin, de las guerras de su vida. Entonces le faltaba librar quizá la peor.

Golpe al corazón

En mayo de 1996 murió su hijo Enrique de un ataque cardiaco. María viajó desde París a despedirse. Había sido su mejor amigo y el único hombre que siempre estuvo a su lado.

Después de su paso por el internado en Canadá, Enrique estudió Ciencias Políticas en la Universidad Autónoma de México, con la intención de dedicarse a la vida diplomática. Terminó en la actuación, en contra de la voluntad de su madre. María se oponía porque creía que se trataba de un oficio muy duro. La vocación de su hijo se impuso. Y la persona más orgullosa fue a La Doña, que acudía a todos los estrenos y admiraba la dedicación de Quique. De hecho hicieron planes para actuar juntos en la versión cinematográfica de la novela de Carlos Fuentes *Zona sagrada*. Constituían el reparto ideal para una historia que parecía escrita sobre ellos mismos. La idea avanzó hasta la adaptación de la obra, pero se detuvo.

Enrique Álvarez Félix comenzó su carrera de actor con la película *El charro mexicano*, producida en 1955. Cuando le comentó a su madre el interés por ser actor, ella le advirtió que tendría que superarla para que lo aceptaran. Actuó en varias películas (*Casa de mujeres*, *Laberinto de pasiones* y *La casa del pelícano*, son algunas de ellas) y en muchas telenovelas (*Alma de mi alma*, *Yo sé que nunca*, y *Marisol*, entre otras).

Pese a que ninguno intervenía en las decisiones del otro, se aconsejaban y escuchaban abiertamente. Quique, además, siempre respetó a los compañeros de María (salvo, quizás, en su infancia según se vio con el intento de envenenamiento a Lara), y ella se lo agradeció.

Enrique coleccionó durante muchos años todas las fotos, carteles, cintas de películas, noticias y pinturas de su madre. De hecho, en 1992 publicó un libro con fotografías suyas y prólogo de Octavio Paz, titulado *Una raya en el agua*. Allí, en el epílogo, escribió un perfil de María Félix. Cuatro años después, ella publicó otro libro dedicado a su hijo, como un homenaje póstumo.

Por arte de magia

María necesitó toda su fortaleza para seguir después del tremendo golpe de la muerte de Quique. Antoine le ayudó a soportar ese peso, que cargó siempre. Siguieron juntos, pero siempre respetaron mutuamente sus ámbitos. Si no estaban en la misma ciudad, hablaban a diario. Cuando pasaban temporadas en París, cada uno vivía en su apartamento.

Caminaban durante largas jornadas en Francia. Era una actividad que no podían practicar con privacidad en México por la popularidad de María. Asistían a los eventos que les interesaban. Ella era un motor importante de su arte. Acudió a todas las exposiciones, tanto en México como en otros países. Llevaron la exhibición "Cuando la danza se vuelve rito" a varias ciudades mexicanas, a Valencia (España) y a la Casa de América Latina de París, en donde se inauguró el 13 de marzo de 1997.

María Félix aparecía y desaparecía de la luz pública, como por arte de magia. Varias veces se le relacionó con proyectos. Aparte de *Zona Sagrada,* donde se pensó que trabajaría con Quique, también se dijo que actuaría en *Toña Machetes,* película basada en la novela del mismo nombre, escrita por Margarita López Portillo. Todas las noticias de 1981 daban por seguro el regreso de La Doña a la pantalla, pero las de 1982 registraban discusiones entre María Félix y Margarita López. El proyecto no siguió adelante y María no quiso devolver el millón de pesos que recibió de adelanto. El filme se hizo finalmente con la actriz Sonia Infante. Se especuló, además, con la aparición de María en *Insólito esplendor,* la adaptación de *Los papeles de Aspern,* de Henry James. En 1997 también se dijo que trabajaría con Verónica Castro en una producción para televisión basada en *Los amores criminales de las vampiras Morales,* de Hugo Argüelles. Nada de eso se llegó a concretar.

Lo que sí sucedió fue que se presentó en 1996 en un programa de Verónica Castro dedicado a la mujer. Cantó un par de canciones con mariachis y dos tangos. No era la primera vez que aparecía en televisión después de su retiro. En 1991 ya había estado con Verónica Castro en un espacio que duró cuatro horas y contó con el nivel de audiencia más alto de la jornada. En 1996 fue invitada por Ricardo Rocha a una serie de cinco programas de dos horas de duración cada uno.

En ese mismo año, Francia la condecoró con el nombramiento de *Commandeur dans l'Ordre National des Arts et des Lettres,* la más alta distinción que otorga el gobierno de ese país. Durante su vida recibió muchísimos premios y homenajes, pero este llama la atención porque fue la primera vez que se otorgó a una mujer latinoamericana.

A finales de 1998 María dio una gran sorpresa. Sacó un disco titulado *Enamorada*, que se vendió rápidamente. En la presentación volvió a hablar de un eventual regreso al cine. El público se quedaría a la espera.

Vuela golondrina

México se despertó de un sacudón el 8 de abril de 2002: María Félix había muerto esa madrugada, justamente el día que cumplía 88 años. Falleció mientras dormía, de un ataque cardiaco, a la una de la mañana. Estaba en su casa de México D. F. El médico de cabecera, Enrique Peña, se encargó de hacer el pronunciamiento oficial.

Su cuerpo fue transportado al Palacio de Bellas Artes, con un nutrido cortejo de gente que la aplaudía y vitoreaba. Allí permaneció durante veintidós horas, en las que numerosas personas la visitaron. Desde el Presidente de la República, Vicente Fox, hasta seguidores anónimos, sin dejar de lado a todos los actores que la admiraban y querían. Se entonaron canciones como "María Bonita" y "Golondrina". Luego se llevó el féretro al teatro Jorge Negrete, sede de más honores y despedidas por parte de sus

Muchas palabras se dijeron al despedir a María Félix. El presidente Fox señaló que había sido uno de los motores del cambio democrático en la nación, y que había llevado un brillo maravilloso a su país. El tenor español Plácido Domingo, por su parte, remarcó que la actriz se había ido en un sueño tranquilo y que tuvo una vida llena y completa; una vida maravillosa.

colegas. De allí el cortejo fúnebre siguió hasta el Panteón Francés, donde fue enterrada al lado de su hijo y de sus padres.

La despedida se desarrolló entre fanáticos que lloraban, policías que trataban de organizar a la muchedumbre, amigos adoloridos, grupos de mariachis, periodistas, fotógrafos trepados en árboles y cámaras de televisión que transmitían el acto en directo. El ataúd, cubierto por la bandera mexicana, bajó a la tierra acompañado de las flores que lanzaban los presentes. La gente hizo fila durante horas a la entrada al cementerio para acercarse a la tumba y despedirse de María Félix.

Posdata

Pero María Félix no pudo descansar en paz cuando fue enterrada. Poco después se prendió el escándalo de las sospechas respecto a la causa de su muerte y de las dudas sobre la legalidad de la herencia.

Su hermano Benjamín solicitó la exhumación de los restos de la actriz, pues temía que hubiese muerto envenenada. Varias semanas después del fallecimiento se sometieron a estudios algunas muestras de órganos de los restos de María Félix y no se hallaron sustancias tóxicas. Había muerto, pues, por una insuficiencia cardiaca, como se había declarado el 8 de abril.

Existe la idea de exhibir las obras de arte y las joyas de María Félix. Javier Mondragón, albacea de La Doña, dice que se busca un espacio para la exposición.

Benjamín Félix también solicitó la nulidad del testamento, que María había elaborado nueve meses antes de su muerte. En

89

él repartió sus bienes entre Antoine Tzapoff y Luis Martínez de ANDA, el asistente personal que la acompañó en los últimos años y por quien sentía cariño maternal. También dio alguna participación a un empleado que había trabajado con Quique. La herencia no mencionaba a sus familiares.

La respuesta a la demanda civil entablada por Benjamín tuvo que esperar hasta enero de 2004, cuando la jueza Carmen Bremauntz de México D. F. la declaró infundada. El hermano de la actriz consideraba que el procedimiento de la elaboración del testamento había sido incorrecto. Dijo que se había redactado en cinco minutos, sin un médico presente —lo consideraba necesario por la edad de La Doña— y dudaba de la firma. Aunque la decisión quedó sujeta a apelación, la primera sentencia le negó el derecho a reclamar el legado existente.

Por si fuera poco, los hermanos medios de Enrique Álvarez Félix también saltaron al cuadrilátero. Consideraron que tenían derecho sobre el patrimonio que él dejó al morir. El albacea de María Félix explicó que los bienes de Quique pasaron a María y forman parte del testamento de la actriz. Su fallecimiento no implica que esos bienes deben ir a los familiares de Enrique.

Aún no se ha puesto punto final a estas cuestiones. Seguramente la actriz se levantaría de hombros al enterarse de que otro escándalo con su nombre anda entre rotativas. Nunca le preocupó lo que dijeran sobre ella y aprendió que el tiempo borra comentarios y especulaciones. Lo hizo muchas veces cuando ella vivía. Frente a los problemas graves siempre salía victoriosa. Después de bajar al socavón del dolor y los malos momentos, aparecía más alto. La clave puede estar en el mensaje que algún día quiso dejar a las mujeres de todo el mundo: que ojalá se quisieran tanto como ella se quiso.

CRONOLOGÍA SUCINTA
DE LA VIDA DE MARÍA FÉLIX

Nace en 1914 en Álamos (México) María de los Ángeles Félix
Güereña. Cuando comenzaba su adolescencia su familia se
traslada a Guadalajara. Pocos años después muere su hermano Pablo, a quien adoraba. Se casa con Enrique Álvarez
Alatorre. Se separan, luego de tener a su único hijo en 1934:
Enrique Álvarez Félix. Se muda a México d. f. En 1942 filma
su primera película: *El peñón de las ánimas*. En 1943 rueda
la cinta que la convirtió en una celebridad: *Doña Bárbara*. A
ella debe el apodo de *La Doña*, con que se conoció en adelante. Ese año comienza su relación con el compositor Agustín
Lara, con quien se casa en 1945. Se separan en 1947. En
1948 viaja a España, donde permanece tres años dedicada a
la grabación de varias películas. También trabaja en Italia. Se
casa en 1952 con el cantante y actor Jorge Negrete, que muere al año siguiente. Se traslada a París, que se convierte en su
segundo hogar. Filma varios títulos en Europa, donde trabaja con personas importantes del mundo cinematográfico. Re-
corre varios países de América Latina y regresa a México. Se
casa con el banquero Alex Berger en 1956. En 1966 trabaja
en su última película: *La generala*. En 1974 muere Alex Berger.
Se sobrepone a una depresión y se dedica a sus cuadras de
caballos, con los que gana varios premios en Europa. Comienza su relación con el pintor Antoine Tzapoff. En 1996

muere su hijo Enrique de un ataque cardiaco. Durante sus últimos años de vida colabora con Tzapoff en las exhibiciones de su obra y sale esporádicamente a la luz pública. Aparece, por ejemplo, en algunos programas de televisión mexicana. En 1998 saca un disco llamado *Enamorada*. Muere en México d. f. el 8 de abril de 2002.

Filmografía de María Félix

El peñón de las ánimas (1943)
María Eugenia (1943)
Doña Bárbara (1943)
La china poblana (1943)
La mujer sin alma (1944)
La monja alférez (1944)
Amok (1944)
El monje blanco (1945)
Vértigo (1946)
La devoradora (1946)
La mujer de todos (1946)
Enamorada (1946)
La diosa arrodillada (1947)
Río Escondido (1948)
Que Dios me perdone (1948)
Maclovia (1948)
Doña Diabla (1950)
Mare Nostrum (1948)
Una mujer cualquiera (1949)
La noche del sábado (1948)
La corona negra (1951)
Mesalina (1951)
Incantésimo trágico (1951)

La pasión desnuda (1953)

Reportaje (1953)

El rapto (1953)

Camelia (1954)

La bella Otero (1954)

French Cancan (1954)

Los héroes están fatigados (1955)

La escondida (1956)

Canasta de cuentos mexicanos (1956)

Tizoc (1957)

Faustina (1957)

Miércoles de ceniza (1958)

Café Colón (1958)

La estrella vacía (1958)

La Cucaracha (1958)

Flor de mayo (1959)

Sonatas (1959)

Los ambiciosos (1959)

Juana Gallo (1961)

Si yo fuera millonario (1962)

Amor y sexo (1964)

La Bandida (1963)

La Valentina (1965)

La Generala (1966)

Bibliografía

Álbum de oro de la canción No.12, *La vida de Jorge Negrete*, Salcedo, México D. F., 1948.

Balmori, Guillermo, *Diccionario ilustrado de actores*, Ediciones J. C., Madrid, 2003.

Coste, María Teresa, *Vida de Agustín Lara, trovador de veras*, Claridad, Buenos Aires, 1988.

Félix, María, *Todas mis guerras*, Clío, México D. F., 1993.

Garfias, Luis, *La revolución mexicana*, Panorama Editorial S. A., México D. F., 1983.

Monsiváis, Carlos, *Aires de familia: cultura y sociedad en América Latina*, Anagrama, Barcelona, 2000.

————, *Amor perdido*, Biblioteca Era, México, D. F., 1978.

Nuestro siglo, Plaza & Janés, Barcelona, 2000.

Samper, Alexandra, "La doña Papi", en *Semana*, Bogotá, 15 de abril de 2002.

Samper Pizano, Daniel; Tafur, Pilar, *María del alma*, Plaza & Janés, Madrid, 2003.

Taibo I., Paco Ignacio, *María Félix: 47 pasos por el cine*, Joaquín Mortiz Planeta, México D. F., 1985.

Vargas, Pedro (con Garmabella, José Ramón), *Pedro Vargas: una vez nada más*. Ediciones de Comunicación, México D. F., 1984.

Direcciones de internet:

www.mariafelix.com.mx
www.laprensa-sandiego.org/archieve/april 1 2-02/
maria.htm
www.espanol.geocities.com/charroinmortal/felix.htm
www.esmas.com/noticierostelevisa/mexico/339355.html
www.who2.com/mariafelix.html

Sumario

Este libro se terminó de imprimir en el mes de enero
del año 2005 en los talleres bogotanos
de Panamericana Formas e Impresos S.A.
En su composición se utilizaron tipos
Sabon, Bodoni Poster y Akzidens Grotesk
de la casa Adobe.